幸せを導くパワーストーン事典

～運命に働きかける106の神秘の石～

CR&LF研究所　編著

はじめに

　その美しさはもちろん、人を守護したり、幸運や癒しを与えたりと、不思議なパワーで古くから人々を魅了し続けるパワーストーン。

　パワーストーンは単なるアクセサリーや占い、おまじないの道具ではなく、ポジティブに自分自身を生きるための天然のツールです。

　パワーストーンの代表でもある水晶をはじめとした鉱物は、それぞれ異なる結晶構造と色を持っていて、結晶をつくる分子の振動や色の波長などの「ヴァイブレーション(振動)」が、人間の心や身体に働きかけて、石のさまざまな効果が現れるといわれます。

　また、スピリチュアルの考え方では、鉱物界、植物界、動物界にはそれぞれ特有のスピリット (精霊) が存在し、地球や人類を含めたそれらの各スピリットたちが、2012年頃を起点にして大きな意識の進化や変化の時代を迎えているといわれています。

　地球が宇宙規模での大きな変化を迎えている現在、パワーストーンは、これまでの「何に効く?」「どんな効果がある?」といった個人的なニーズを超えて、私たち人類が大きく進化し、変化していくための重要なコンパニオンとして新しい役割を担っていくことでしょう。

　パワーストーンを単なるモノとして扱わないで、どうぞそのヴァイヴレーションに意識 (気持ち) をあわせてみてください。あなたと石の波動がシンクロしたとき、あなたの人生に大きな変化や輝き、魂が望む成功がやってくるでしょう。

CR＆LF研究所　月音

Part 1
パワーストーンの基礎知識

クリスタル/パワーストーンとは ───── 10
クリスタルができるまで ───── 14
クリスタルの鉱物的な特徴 ───── 18
クリスタルのヒーリング力 ───── 24

Part 2
パワーストーンカタログ

クリアクオーツ ───── 30
さまざまなクオーツ ───── 32
　エレスチャル、ガーデンクオーツ、カテドラル、クラスター、セプタークオーツ、ダブルポイント、ハーキマーダイアモンド、ファーデンクオーツ、ファントムクリスタル、ブリッジクオーツ、レインボークリスタル、レーザークオーツ、ツイン、ジャパニーズロー ツインクオーツ、レコードキーパー、イシス、タビュラー、水入り水晶

Column 1
　クオーツと水晶、石英の違い 45
Column 2
　色とクリスタルパワー ───── 48
アイオライト ───── 52
アクアオーラ ───── 54
アクアマリン ───── 56

アゲート	58	サファイア	106
アズライト	60	サンストーン	108
アベンチュリン	62	ジェダイド	110
アポフィライト	64	シトリン	112
アマゾナイト	66	シャーマナイト	114
アメジスト	68	ジャスパー	116
アラゴナイト	70	ジルコン	118
アンバー	72	ジンカイト	120
エメラルド	74	スギライト	122
エンジェライト	76	スピネル	124
オニキス	78	スミソナイト	126
オパール	80	スモーキークオーツ	128
オブシディアン	82	ゼオライト	130

Column 3
　結晶の形とエネルギー —— 84

ガーネット	86	セラフィナイト	132
カーネリアン	88	セレスタイト	134
カヤナイト	90	セレナイト	136
カルサイト	92	ソーダライト	138
クリソコラ	94		
クリソプレーズ	96		
クンツァイト	98		
コーラル	100		

Column 5
　チャクラとクリスタル —— 140

		ターコイズ	142
		ダイアモンド	144
Column 4		タイガーアイ	146
研磨・カットの形別パワー	102	タンザナイト	148
サーペンチン	104	チャロアイト	150
		テクタイト	152
		デザートローズ	154

トパーズ —— 156	Column 8
トルマリン —— 158	歴史上の人物たちが好んだ石— 204
Column 6	ユナカイト —— 206
星座と守護石の関係 —— 160	ラピスラズリ —— 208
ネフライト —— 162	ラブラドライト —— 210
ハウライト —— 164	ラリマー —— 212
パール —— 166	ルチルクオーツ —— 214
パイライト —— 168	ルビー —— 216
ブラッドストーン —— 170	レピドライト —— 218
ブルーカルセドニー —— 172	ローズクオーツ —— 220
ブルーレースアゲート —— 174	ロードクロサイト —— 222
プレナイト —— 176	ロードナイト —— 224
フローライト —— 178	レアストーン —— 226
ヘマタイト —— 180	アイスクリスタル、オレン
ペリドット —— 182	ジルチル、スーパーセブ
ホークスアイ —— 184	ン、ヒマラヤ水晶、メタモ
ボージーストーン —— 186	ルフォーゼス、レムリアン
Column 7	シード
神話や伝説に登場する石— 188	Column 9
マラカイト —— 190	石との別れ —— 231
ミルキークオーツ —— 192	
ムーンストーン —— 194	
メテオライト —— 196	
モスアゲート —— 198	
モルガナイト —— 200	
モルダバイト —— 202	

Part 3

パワーストーン入手法と活用術

パワーストーンの選び方と付き合い方 ———— 234
パワーストーンの浄化法 ———————————— 239
アクセサリーの活用法 ———————————— 245
パワーストーンを活用する(1) ———————— 250
パワーストーンを活用する(2) ———————— 254
クリスタルワーク —————————————— 258

Appendix
クリスタル産地 MAP ————————————— 262
鉱物イベント情報 —————————————— 264
パワーストーン用語集 ———————————— 266

Color Index
パワーストーン色別さくいん ————————— 270

Index
パワーストーンさくいん ——————————— 273

この本の使い方

P.29～230のPart 2「パワーストーンカタログ」では、パワーストーンを50音順に並べて、それぞれの石の特徴や意味、使い方、メッセージなどを詳しく紹介しています。

パワーストーンには、鉱物名、宝石名、和名、別名、流通名、商品名など、さまざまな呼び名があります。しかし、パワーストーン名自体には特に定義はなく、いろいろな呼び名が混在して使われているのが現状です。本書では、英名、パワーストーン名、和名・その他の名前の3種類の名前を紹介していますが、パワーストーン名については、流通名を中心に一般的にいちばんなじみの深いと思われる呼び名を採用しています。

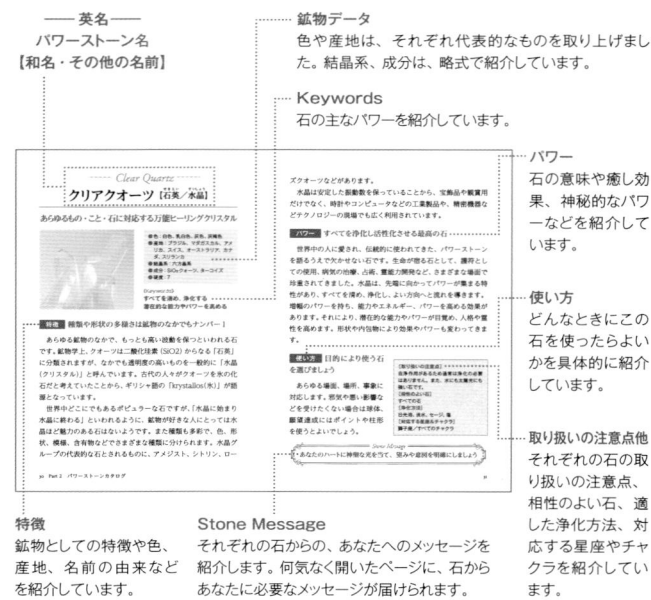

―― 英名 ――
パワーストーン名
【和名・その他の名前】

鉱物データ
色や産地は、それぞれ代表的なものを取り上げました。結晶系、成分は、略式で紹介しています。

Keywords
石の主なパワーを紹介しています。

パワー
石の意味や癒し効果、神秘的なパワーなどを紹介しています。

使い方
どんなときにこの石を使ったらよいかを具体的に紹介しています。

取り扱いの注意点他
それぞれの石の取り扱いの注意点、相性のよい石、適した浄化方法、対応する星座やチャクラを紹介しています。

特徴
鉱物としての特徴や色、産地、名前の由来などを紹介しています。

Stone Message
それぞれの石からの、あなたへのメッセージを紹介します。何気なく開いたページに、石からあなたに必要なメッセージが届けられます。

Part 1
パワーストーンの基礎知識

クリスタル／パワーストーンとは

古くから多くの人々を魅了してやまないクリスタル／パワーストーン。パワーストーンとはいったい何？ まずは、その成り立ちや歴史に触れてみましょう。

さまざまな形を持つパワーストーン

　「パワーストーン」とは、願いを叶えてくれたり心身に癒しを与えてくれたりといった神秘的な力を秘めているとされる鉱物（天然石）のことをさします。パワーストーンには水晶をはじめとしたクオーツ類などが含まれますが、それらを総称して「クリスタル」と呼ぶこともあります。クリスタルの本来の意味は「結晶」です

が、本書では上記のようにパワーを持つ鉱物の総称としてクリスタルと呼んでいます。

　地球の奥深くから生まれたクリスタルには、さまざまな形や質感のものがあります。立方体もあれば先端がとがったものもあります。また、塊で生成されるものもあれば、群生するもの、平べったいものもあります。そして、表面がざらざらした石や透きとおった石など、質感もいろいろ。

　私たちが普段、宝石やアクセサリーとしてよく見かける美しいクリスタルは、それらを研磨加工したものです。

クラスター

板状結晶

塊状結晶

形、色で魅力的な個性を持つ

　パワーストーンとして利用されるクリスタルは、必ずしも研磨加工されているものとは限りません。クリスタルのなかには、もともと結晶として美しい形をしたものもありますが、特にヒーリングや瞑想などに使われる場合には、原石のままか、握りやすいように簡単に表面を磨いた原石の状態に近いものも広く利用されています。

　パワーストーンは私たちに有用なエネルギーを与えてくれますが、一方ではエネルギーを吸収するという性質があります。発掘や加工、流通などで人や場のネガティブな影響を受けてしまうことも多いのです。その点、原石には人工的な手が加わっていないため、より純粋なエネルギーを体験できることからファンも多いようです。また、天然のクリスタルは、ひとつひとつ色や形、大きさも異なり、その風合いがひとつの個性となり魅力となっています。自分の目や手で確かめながら、お気に入りを選ぶのも楽しみのひとつでしょう。

ドーム(ジオード)

クリスタルと人間の歴史

クリスタルは、古今東西で特別な力がある鉱物として扱われ、さまざまなシーンで親しまれてきました。パワーストーンという言葉自体は最近使われはじめたものですが、石の持つ意味や効果は、はるか昔から言い伝えられてきたものです。人々は太古の昔から、自分の願いや目的にあった石を守護石として身につけたり、占術やヒーリングの道具として活用したりしてきました。

クリスタルの歴史は有史以前まで遡り、海中に没したといわれる伝説の大陸、古代アトランティスはクリスタル文明だったといわれます。アトランティスではエネルギーの動力源やヒーリングなど、日常的にクリスタルの力が利用されていたといわれています。

古代エジプトでは、クリスタルは神々の力を直接人類に伝える道具として珍重され、数々の儀式などで使用されてきました。「悪霊をはらい、邪悪なものから身を守る石」として神官や巫女たちの間で守護石として使われていたようです。また、古代マヤ人やネイティブアメリカンたちの間では、病気の治療だけでなく、診断にもクリスタルが使われていたそうです。さらにインドや中国でも、石薬や石を用いた療法が千年以上にわたって伝えられています。また西洋でも古くからストーン・ヒーリングやジェム・セラピー(宝石療法)といったクリスタルを使ったセラピーが盛んです。

このようにクリスタルは、古くから私たちの生活に密着して親しまれてきました。地球の奥深くから生まれるクリスタルは、まさに地球が生んだ宝そのもの。あなたも自分自身でそのパワーを体感してみてください。

クリスタルができるまで

長い年月をかけて地球によって生み出されるクリスタル。どのようにしてつくられるのかを知ることで、パワーストーンをより深く、より広く理解することができるでしょう。

大きな輪廻のなかで生まれるクリスタル

クリスタルと呼ばれる「鉱物」は、長い時間をかけて地球のなかを巡る岩石から誕生します。何種類もの鉱物を含む岩石は、何百年という年月をかけて地球を循環しています。地表もしくは

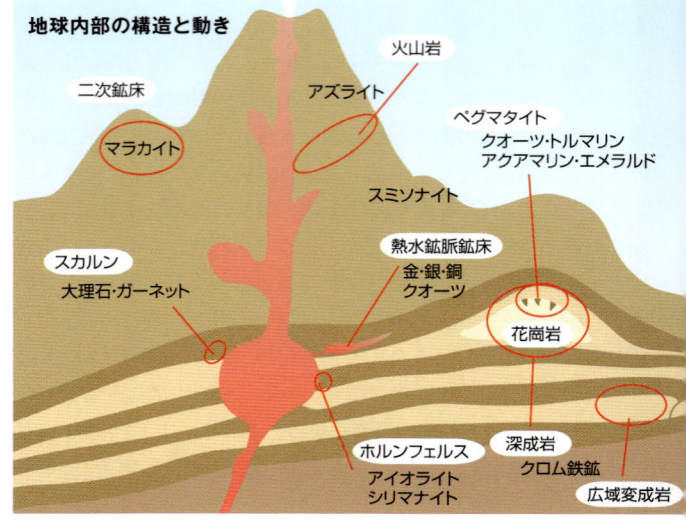

地球内部の構造と動き

- 二次鉱床 マラカイト
- 火山岩 アズライト
- ペグマタイト クオーツ・トルマリン アクアマリン・エメラルド
- スミソナイト
- スカルン 大理石・ガーネット
- 熱水鉱脈鉱床 金・銀・銅 クオーツ
- 花崗岩
- ホルンフェルス アイオライト シリマナイト
- 深成岩 クロム鉄鉱
- 広域変成岩

14　Part 1　パワーストーンの基礎知識

地殻運動でせり上がった岩石が、風雨や川などにより風化・浸食されて小さな粒となり、それが海や湖、砂漠などに運ばれて堆積し、地中で再び固まり新たな岩石となります。あるいは地中に深くできた岩石が溶け、岩石の前の姿であるマグマに戻ることもあります。

鉱物の母体は大きく3つ

鉱物をつくる岩石の種類には、大きく分けて「火成岩」「変成岩」「堆積岩」の3種類があります。

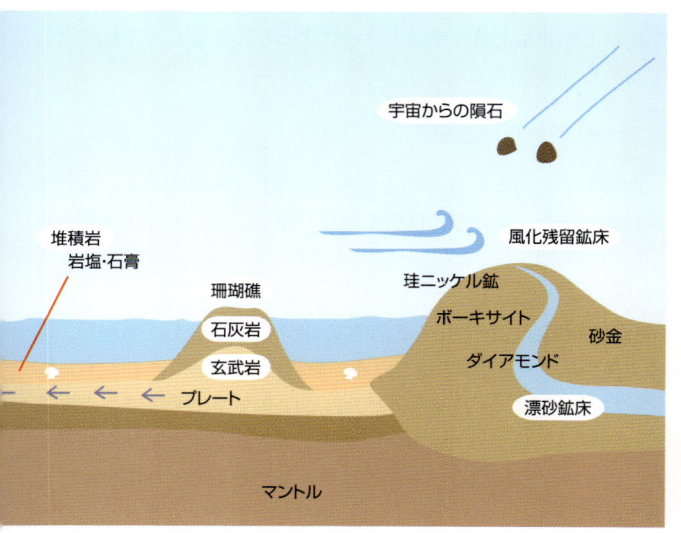

【火成岩】マグマが地表付近で冷えて固まったもの。火成岩のうち地表に噴き出して急速に固まったものを「火山岩」、地下の深部でゆっくり冷えて固まったものを「深成岩」という。これらの過程で、岩石の隙間に鉱物の鉱床（こうしょう）ができる。一般的に深成岩のほうが結晶が大きい。

【変成岩】もともとあった岩石（堆積岩や火成岩）が地中の熱や圧力、地殻変動によって変成作用を受け、別の鉱物に変化したもの。

【堆積岩】地表の岩石が川や海により浸食作用を受け、風雨の風化作用で細かい粒となり、海底などに堆積して地中の熱や圧力で固まったもの。

　また、アンバーやパールなど、植物や貝類などほかの生物から生まれる鉱物もあります。これらは化石化してはじめて鉱物として認められます。

鉱物の個性を決める場所

　地殻中の鉱物の集合体のことを「鉱床」と呼びますが、鉱物は成長する場所によりその性質が異なります。主な鉱床の種類とその特徴に、次のようなものがあります。

【熱水鉱脈鉱床】鉱物のもとになる成分を多く含んだ熱水が、地層の亀裂に入り込み、形成される鉱脈。金・銀・銅、クオーツなど。

【ペグマタイト】地下の深いところでマグマが冷えてできた深成岩の一種。水分やガスによってできた大きな空洞で鉱物が成長する。マグマには珪酸分（けいさん）が多く溶け込んでいるため、珪酸分を主成分とするクオーツやトルマリン、緑柱石（アクアマリンやエメラ

ルドなど)、トパーズが生成される。

【スカルン】珊瑚礁の死骸が堆積した石灰岩などが、プレートの運動により陸地の地下に取り込まれ、マグマと接触することで生まれる鉱物の集合体。炭酸カルシウムを主成分とする石灰岩に、珪酸分を主とする花崗岩マグマが接触することが多く、珪酸カルシウムを主成分とするガーネットなどがつくられる。

【ホルンフェルス】スカルン同様、マグマの侵入時の熱による変成作用によって生じる変成岩。マグネシウムやアルミニウムを多く含む堆積岩に接触するため、これらを主成分とするアイオライトなどが生まれる。

【二次鉱床】マグマの熱や地殻の圧力で、地中の鉱物が別の鉱物に変わる、もしくはマグマから別の鉱物成分が加わることで生成される鉱床。上部ではさらに、鉱物が地下水や海水、空気などと反応し、マラカイトやアズライト、スミソナイトなどの鉱物ができる。

【沈殿鉱床・漂砂鉱床・風化残留鉱床】海水中の塩分や石灰分などが沈殿し、岩塩や石膏などの沈殿鉱床ができる。岩塩が風化してなかの鉱物が蓄積してニッケル鉱やボーキサイトなどの風化残留鉱床ができる。さらに、風化した岩石内の金・プラチナ・ダイアモンドなどが川の水で堆積し、漂砂鉱床をつくる。

地球内部の構造と動き

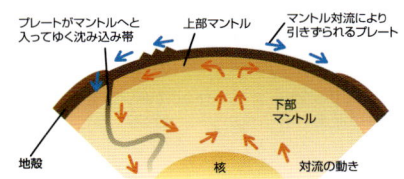

地球の内部は、核・マントル・地殻の3層からできており、鉱物はマントルと地殻で生成されます。地表から中心に向かうほど高温・高圧力・高密度となり、マントルは熱の動きでゆっくりと対流しています。そのときに溶けた岩石がマグマとなり、地殻へと上昇。地表付近で冷えて固まると火成岩、地下の深部でゆっくり冷えて固まると深成岩となります。

クリスタルの鉱物的な特徴

パワーストーンとのよりよい関係を築くには、鉱物としての特性を知ることが不可欠です。ここでは、鉱物的な特徴のなかでもこれだけは知っておきたいという基本知識を紹介します。

化学組成による分類法

19世紀に化学者と鉱物学者が協力して編み出したもので、鉱物の分類として一般的に用いられている方法です。鉱物が自然界に存在する約80種の元素の組み合わせで成り立つことから、その結合状態を基準としたものです。

分類	特徴	代表的な鉱物
元素鉱物	1種類の元素でできている鉱物	金、銀、銅、プラチナ、硫黄、ダイアモンドなど
硫化鉱物	鉄、銅、鉛などの金属元素が硫黄と結びついた鉱物	パイライト（黄銅鉱）、方鉛鉱など
ハロゲン化鉱物	塩素やフッ素などのハロゲン元素を含んだ鉱物	フローライト、岩塩など
酸化鉱物	酸素や水酸基を含んだ鉱物	クオーツ、アゲート、オパール、コランダムなど
炭酸塩鉱物	炭素と結びついて塩基をつくる鉱物	カルサイト、マラカイト、ロードクロサイトなど
硫酸塩鉱物	硫酸と結びついて塩基をつくる鉱物	石膏、重晶石など
珪酸塩鉱物	酸素と珪素の結合による四面体で、さらにほかの元素と結びついた鉱物	ガーネット、トパーズ、ジルコン、ペリドット、緑柱石、ラピスラズリ、ジェダイドなど

燐酸塩鉱物	燐酸を基調に塩基をつくる鉱物	アパタイト、ターコイズ、藍鉄鉱など
ホウ酸塩鉱物	ホウ酸を基調に塩基をつくる鉱物	ウレックス石、ルドウィヒ石など
ヒ酸塩鉱物	ヒ酸を基調に塩基をつくる鉱物	コバルト華、ニッケル華、アダム鉱など
その他	タングステン酸塩鉱物、クロム酸塩鉱物、モリブデン酸塩鉱物、バナジン酸塩鉱物、テルル酸塩鉱物など	モリブデン鉛鉱、灰重石、バナジン鉛鉱など

鉱物の構成を示す「化学式」

化学式は、どんな元素がどの割合で含まれているかを示しています。たとえば、パイライト（黄鉄鉱）の化学式は「FeS_2」となっており、鉄と硫黄が1:2の比率で含まれることを表します。下表は一般的な元素記号の一覧です。

記号	名称
Ac	アクチニウム
Ag	銀
Al	アルミニウム
Am	アメリシウム
An	アクチノイド
Ar	アルゴン
As	ヒ素
At	アスタチン
Au	金
B	ホウ素

記号	名称
Ba	バリウム
Be	ベリリウム
Bh	ボーリウム
Bi	ビスマス
Bk	バークリウム
Br	臭素
C	炭素
Ca	カルシウム
Cd	カドミウム
Ce	セリウム

記号	名称	記号	名称
Cf	カリホルニウム	Kr	クリプトン
Cl	塩素	La	ランタン
Cm	キュリウム	Li	リチウム
Co	コバルト	Ln	ランタノイド
Cr	クロム	Lr	ローレンシウム
Cs	セシウム	Lu	ルテチウム
Cu	銅	Md	メンデレビウム
Db	ドブニウム	Mg	マグネシウム
Ds	ダルムスタチウム	Mn	マンガン
Dy	ジスプロシウム	Mo	モリブデン
Er	エルビウム	Mt	マイトネリウム
Es	アインスタイニウム	N	窒素
Eu	ユウロピウム	Na	ナトリウム
F	フッ素	Nb	ニオブ
Fe	鉄	Nd	ネオジム
Fm	フェルミウム	Ne	ネオン
Fr	フランシウム	Ni	ニッケル
Ga	ガリウム	No	ノーベリウム
Gd	ガドリニウム	Np	ネプツニウム
Ge	ゲルマニウム	O	酸素
H	水素	Os	オスミウム
He	ヘリウム	P	リン
Hf	ハフニウム	Pa	プロトアクチニウム
Hg	水銀	Pb	鉛
Ho	ホルミウム	Pd	パラジウム
Hs	ハッシウム	Pm	プロメチウム
I	ヨウ素	Po	ポロニウム
In	インジウム	Pr	プラセオジム
Ir	イリジウム	Pt	白金
K	カリウム	Pu	プルトニウム

記号	名称
Ra	ラジウム
Rb	ルビジウム
Re	レニウム
Rf	ラザホージウム
Rg	レントゲニウム
Rh	ロジウム
Rn	ラドン
Ru	ルテニウム
S	硫黄
Sb	アンチモン
Sc	スカンジウム
Se	セレン
Sg	シーボーギウム
Si	ケイ素
Sm	サマリウム
Sn	スズ
Sr	ストロンチウム
Ta	タンタル

記号	名称
Tb	テルビウム
Tc	テクネチウム
Te	テルル
Th	トリウム
Ti	チタン
Tl	タリウム
Tm	ツリウム
U	ウラン
Uub	ウンウンビウム
Uuq	ウンウンクアジウム
V	バナジウム
W	タングステン
Xe	キセノン
Y	イットリウム
Yb	イッテルビウム
Zn	亜鉛
Zr	ジルコニウム

一定の方向に割れる「へき開」

　多くの鉱物は、ある方向に規則正しく割れる、板のように何枚にも薄くはがれる性質を持ち、これを「へき開」といいます。へき開は、結晶を構成する原子の結びつきが、部分的に弱くなっているところで割れて起こる現象です。内部の構成における性質のひとつのため、へき開の有無と硬度とは関係がありません。へき開がきわめて完全な鉱物として、レピドライト（雲母）とカルサイト（方解石）が挙げられます。

反対に、へき開のない石はクオーツやガーネットが代表的です。へき開で割れた面は平面となり、また石によって割れる方向が1方向・2方向・3方向・4方向・6方向と変わります。

カルサイト（3方向にへき開）

特有の輝きを放つ「光沢」

鉱物特有の光り方を「光沢」といい、光沢は鉱物の透明度、光の屈折率、反射の程度などにより「金属光沢」と「非金属光沢」の2種類に大きく分けることができます。

金属光沢は、不透明で光をまったく通さず、その名のとおり、金属のように光を強く反射するものをいいます。自然金や自然銀などの元素鉱物のほか、パイライトなどの硫化鉱物のほとんどが金属光沢を持ちます。

非金属光沢は、さらに次の6つに分けることができます。

【ガラス光沢】 透明感が強くガラスに似た光り方です。クオーツ、フローライトなど。

【樹脂光沢】 プラスチックに似た、なめらかであたたかみのある光り方。アンバー(琥珀)、硫黄、滑石など。

【脂肪光沢】 脂ぎった、ぎらついた感じの光り方です。カルセドニー、サーペンチンなど。

【ダイアモンド光沢】 透明感が強く、高い光の屈折率によりギラリとした強い光り方。ダイアモンド、ルチル、閃亜鉛鉱など。

22　Part 1　パワーストーンの基礎知識

【真珠光沢】 真珠のようなやさしい光り方。アポフィライト、白雲母など。

【絹糸光沢】 繊維状の結晶の鉱物が平行に密集して見られる光り方。ソーダ沸石など。

鉱物の硬さを示す「硬度」

　鉱物の硬さを示す硬度は、原子の結合の度合いで決まります。硬度とは、傷つけられるときの抵抗の強弱を示すものであり、硬度が高い＝衝撃に強いということではありません。地球上で最も硬いダイアモンドは、ハンマーなどで叩けば粉々に砕けますが、何かでひっかいても傷つくことはありません。

　鉱物の硬さを測るときに用いるのが、19世紀初頭にオーストラリアの鉱物学者モースが考案した「モース硬度計」です。硬さの尺度となる10種類の鉱物を選び、度数を表したもので、2つの鉱物をこすり合わせて傷がつくかどうかで判断します。

「モース硬度計」
度数の数字は硬さの順番を意味するもので、4度が2度の2倍の硬さというわけではありません。

1	2	3	4	5	6	7	8	9	10
滑石	石膏	カルサイト	フローライト	アパタイト	正長石	クォーツ	トパーズ	コランダム	ダイアモンド
		爪 10円硬貨 (2.5) (3)		鉄釘 (4.5)	窓ガラス ナイフ (5.5) (6)				ガラス切り (10)

クリスタルのヒーリング力

古くから、癒し効果の高いヒーリングツールとして使われ続けてきたクリスタル。目に見えない力で私たちを支え続ける、癒しパワーの原理を探ってみましょう。

伝統的なクリスタル治療とは？

クリスタルは、人々の癒しや心身のバランス調整のために、世界各国で何千年にもわたって用いられてきました。そのヒーリング効果に関しては、古くは紀元前から研究・発表されています。紀元前1600年頃のエジプトのパピルスには、すでに医薬品としてのクリスタルの使用法が記載されていたそうです。当時は、病人の首にクリスタルを巻いて治療したり、粉状にしたクリスタルを傷口に塗って感染の予防に使ったりしていたといわれています。また、ギリシャの医学者ガレノスは、さまざまなクリスタルを積極的に治療に使っていたといわれます。

そのほかにも、宝石を粉状に砕いて水に混ぜて飲むという治療法も古くから人気がありました。大地から生まれたクリスタルには、さまざまなミネラルが含まれています。これはいわゆるミネラルウォーターのようなものです。

漢方にも用いられる「石薬」

鉱物を粉末にして薬剤として用いる伝統は、「石薬」として各地で引き継がれ、今日でも中国医学やインドのアーユルヴェーダ

医学、チベット医学などで伝承されています。中国医学では数十種類の鉱物が薬剤として用いられ、「葛根湯」など、おなじみの漢方薬にも使われています。マラカイトやパイライト、アメジストなどには薬草と同じく病気を治す力があると考えられていました。石薬は服用する以外にも、身体の上に置いたり、持ち歩いたり、テープで貼ったりすることで治癒力が上がるといいます。

　実際に私たちがクリスタルを砕いて飲むことは難しいですが、一定の時間クリスタルを浸した水にも薬効があるとされますので、こちらを試してみるのもおすすめです。アーユルヴェーダでは、アメジストを24時間浸しておいた「アメジスト水」は、肺や肝臓の機能に作用するといわれます。また、パールを浸した水「真珠水」には胃腸障害や血液病に効果が。クリアクオーツでつくる「クリスタルウォーター」には、肌や髪への美容効果や、疲労回復などの効果もあると信じられています。

中国医学（漢方）、アーユルヴェーダ、チベット医学では、さまざまなクリスタルが石薬として利用されています。
（写真はパイライト、アメジスト、マラカイト）

体内エネルギーを高める石の波動

　なぜ、これらのクリスタルでつくられる水から、人体に作用する効果が得られるのでしょう？　水に溶け出した微量のミネラル

分の影響も考えられなくもありませんが、この場合、水にうつったクリスタルの波動のほうが、より大きく関係しているようです。

波動とは、鉱物を含め地球上のすべての物質から発せられている、ごく微弱なエネルギーのこと。量子力学という最先端の物理学では、物質の根源が従来考えられていた「分子・原子」ではなく、それよりさらに小さい「素粒子」というものであることがわかってきました。すべての素粒子は、微弱ながら絶えず振動しており、その振動のエネルギーが波動と呼ばれるものです。東洋医学でいう「気」や、ヨガなどのインド哲学における「プラーナ」も実はこの波動の一種で、生命エネルギーとも呼ばれています。

「クリスタルウォーターのつくり方」

ガラス容器に水晶のかけらを入れ、水を満たします。そのままひと晩もしくは丸1日程度おけばできあがり。普通のミネラルウォーターと同様にそのまま飲んだり、お茶やお料理に利用してみましょう。味がとってもまろやかになるといわれています。そのほか、洗顔や洗髪に使ったり、植物に与えたり、美容水としてマッサージやヒーリングに使ったり、スプレーして場の浄化などにも利用できます。

鉱物がそれぞれ持つ波動にも、気やプラーナのように、人体に影響を与える生命エネルギーのような作用があるのではないでしょうか。

また、最近人気の岩盤浴やゲルマニウム温浴などでは、特定の鉱物に熱などなんらかの刺激を加えることで、遠赤外線やマイナスイオン効果を発生させることがわかっています。遠赤外線は一定の周波数を持つ電磁波の一種です。これらの鉱物の持つ電磁波が、人体に伝わり有用な健康効果を生み出すと考えられています。

このように鉱物の性質や波動が人体に与える影響は、さまざまな分野で多くの研究が行われていて、クリスタルのヒーリング力のメカニズムを解く鍵として、これからますます注目されるでしょう。

色と癒しの関係

クリスタルのヒーリング力を語る上でもうひとつ重要な要素が「色」です。色によるヒーリングや精神的影響力は、昨今のカラーセラピーや色彩心理の分野でも強くうたわれています。カラーセラピーとは、その人が選んだ色の内側のメッセージを読み取り、外部から色の刺激を加えることで人の気分や身体、精神をコントロールすることができるとされる手法です。

クリスタルには、赤、オレンジ、黄、緑、青、紫、ピンクなどさまざまな色が存在します。ゆえに色彩学的見地からも、パワーストーンの持つ色の効果は、肉体面・精神面において影響を及ぼすといえるでしょう。また、色も遠赤外線と同じく電磁波のひとつで、そ

れぞれの色によって特定の波動（電磁波）を持っているといわれています。これらの色のそれぞれの波動が、精神や肉体に共鳴し、干渉し、影響していくことで、さまざまな効果をもたらす可能性もあるのです。

　パワーストーンに関する科学的実証は、まだまだこれからです。しかしながら、クリスタルの特性を表す、ミネラル（元素）、波動、色の3つのキーワードが、癒しのメカニズムの秘密を解く大切な要素となることは間違いないでしょう。これらの要素が複合的に混じり合って、さまざまなヒーリング効果が生まれるのではないでしょうか。

　クリスタルのなかに封じ込められた波動や色のエネルギーと、自分自身の波動が通じあい共鳴することで、エネルギーを高めたり、肉体、精神面を強くしたりすることができます。その結果、肉体的なヒーリングだけでなく、仕事や人間関係など日常のさまざまな事項の問題解決や豊かな現実に結びついていくのではないでしょうか。

Part 2
パワーストーンカタログ

── Clear Quartz ──
クリアクオーツ【石英／水晶】

あらゆるもの・こと・石に対応する万能ヒーリングクリスタル

- 色：白色、乳白色、灰色、灰褐色
- 産地：ブラジル、マダガスカル、アメリカ、スイス、オーストラリア、カナダ、スリランカ
- 結晶系：六方晶系
- 成分：SiO_2
- 硬度：7

《Keywords》
すべてを清め、浄化する
潜在的な能力やパワーを高める

特徴 種類や形状の多様さは鉱物のなかでもナンバーワン

あらゆる鉱物のなかで、もっとも高い波動を保つといわれる石です。鉱物学上、クオーツは二酸化珪素（SiO_2）からなる「石英」に分類されますが、なかでも透明度の高いものを一般的に「水晶（クリスタル）」と呼んでいます。古代の人々がクオーツを氷の化石だと考えていたことから、ギリシャ語の「krystallos(氷)」が語源となっています。

世界中どこにでもあるポピュラーな石ですが、「水晶に始まり水晶に終わる」といわれるように、鉱物が好きな人にとっては水晶ほど魅力のある石はないようです。また種類も多彩で、色、形状、模様、含有物などでさまざまな種類に分けられます。水晶グループの代表的な石とされるものに、アメジスト、シトリン、ロー

30　Part 2　パワーストーンカタログ

ズクオーツなどがあります。

　水晶は安定した振動数を保っていることから、宝飾品や観賞用だけでなく、時計やコンピュータなどの工業製品や、精密機器などテクノロジーの現場でも広く利用されています。

パワー　すべてを浄化し活性化させる最高の石

　世界中の人に愛され、伝統的に使われてきた、パワーストーンを語るうえで欠かせない石です。生命が宿る石として、護符としての使用、病気の治療、占術、霊能力開発など、さまざまな場面で珍重されてきました。水晶は、先端に向かってパワーが集まる特性があり、すべてを清め、浄化し、よい方向へと流れを導きます。増幅のパワーを持ち、能力やエネルギー、パワーを高める効果があります。それにより、潜在的な能力やパワーが目覚め、人格や霊性を高めます。形状や内包物により効果やパワーも変わってきます。

使い方　目的により使う石を選びましょう

　あらゆる場面、場所、事象に対応します。邪気や悪い影響などを受けたくない場合は球体、願望達成にはポイントや柱形を使うとよいでしょう。

[取り扱いの注意点]
自浄作用があるため通常は浄化の必要はありません。また、水にも太陽光にも強い石です。
[相性のよい石]
すべての石
[浄化方法]
日光浴、流水、セージ、塩
[対応する星座&チャクラ]
獅子座／すべてのチャクラ

― *Stone Message* ―
あなたのハートに神聖な光を当て、望みや意図を明確にしましょう

Variations
さまざまなクオーツ

自然形態や形で特別な意味を持つクオーツ

　パワーストーンといえば、いちばん最初に挙げられる石がクオーツ（水晶）です。クオーツは形状や内包物、色などによってさまざまな種類があり、その意味も違ってきます。

　また、クオーツのなかには、石の形や面、形態の特徴によって名前が付けられた「マスタークリスタル」と呼ばれるものがあります。マスタークリスタルはそれぞれが特有のパワーを持っていて、浄化や魔術、ヒーリング、スピリチュアルな能力の開発など、特別な目的で使われてきました。

　これらのクオーツは、単にお守りや願掛けとしてではなく、人生の重要なタイミングや目的にあわせ意識的に使うための強力なツールといえるでしょう。

　ここではマスタークリスタルを中心に、さまざまな特徴や意味を持つクオーツを紹介します。これらはベースにクリアクオーツ（P.30）の性質をあわせ持っていますので、それを加味しながら目的にあった石を探してみましょう。

エレスチャル
—— *Elestial* ——

　ゴツゴツとした形状が特徴の水晶。別名「スケルタル（骸骨）クオーツ」と呼ばれ、骨のような階段状の模様を持っています。数千万年から数億年という長い年月をかけて生成され、年輪のように結晶を重ねることから、古代の記憶と叡智を持つとされています。なかでも太古の水が閉じ込められた水入りエレスチャルは、人類や地球の未来と意義を教えてくれるといわれます。

　エレスチャルは、水晶における最終形態の石です。もうこれ以上成長することのない、完成されたパワーストーンといわれ、すべてのチャクラに対応しています。浄化や癒し、脳内活性と、あらゆるパワーを備えています。持ち主の状態にあわせて内面の深い洞察を目覚めさせ、自分の本質を見つめるために必要な変化の道を開いてくれる、とてもパワフルな力を持っています。人生の岐路など、変化が起こったときに行くべき道を示唆してくれるでしょう。

ガーデンクオーツ
—— *Garden Quartz* ——

　クリアクオーツに、数種類の鉱物がきわめて高い密度で内包されたものです。長い時間を

かけてクオーツが成長していく過程で入り込んだ内包物が、草原や林、川など、まるで庭園のような自然のアートをつくり出すことから「ガーデンクオーツ（庭園水晶）」と名付けられています。内包物や色や見え方により、「苔入り水晶」「草入り水晶」などとも呼ばれます。

　シャーマンクリスタルとも呼ばれ、魔術的効果を持ち、願いごとを叶えるといわれています。「邪気が入りやすい人」を守り、気持ちを前向きにしてくれます。苦手な人に会うときにもおすすめです。精神と肉体のバランスを整える作用があり、ヒーリング効果の高い石です。肉体的な病はもちろん、精神的な問題を解決する手助けをしてくれます。

カテドラル
—— *Cathedral* ——

　別名「カテドラルライブラリー」とも呼ばれ、神の存在が認知される「大聖堂」と、知識と学習の場である「図書館」の両方を意味するといわれています。複数の結晶が重なり合ってひとつの先端を形づくり、その姿が聖堂に見えることが名前の由来となっています。

　エネルギーを吸収・放出しやすいポイントを、先端にいくつか持つため、浄化作用が非常に高いクリスタルです。複数の結晶が折り重なった複雑な形には、多くの意識を集めひとつのことを成

し遂げる力を与えてくれるパワーがあります。チームワークが必要なときに効果があり、目標を達成するためにサポートしてくれるでしょう。また、精神的、霊的な力を持っているので、魂の結びつきの強い人との出会いを呼び寄せる力もあります。

クラスター
―― Cluster ――

　大小さまざまなポイント状の水晶が、群晶を形成している原石のことをいいます。ひとつの母岩にさまざまな形の水晶の集まりからできている姿は、周囲との強調と調和を表し、グループをまとめ、集団意識を高めるというパワーがあります。

　エネルギーを良質のものに変える働きがあり、特に浄化作用に優れた威力を発揮します。また、先端があらゆる方向に向いているため、広い範囲にパワーを放出し、ネガティブなエネルギーを吸収したり、場を清浄にしたり、調和のとれた状態をつくり出します。さらに、ほかのパワーストーンやアクセサリーの浄化にも用いられ、クラスターの上にそれらを乗せておくことでその石に停滞したネガティブなエネルギーを吸収・浄化し、純粋なパワーをチャージしてくれます。

セプタークオーツ
Scepter Quartz

　頭が大きく成長した、キノコのような形をした水晶で「松茸水晶」とも呼ばれています。エレスチャルにもよく見られる形です。

　非常にダイナミックなエネルギーを秘めた石で、霊力を飛躍的に向上させるヒーリング効果に優れています。エネルギーを上部に極限まで押し上げ、凝縮。詰まっていたエネルギーの回路をこじあけてくれるパワーを持っています。これにより、問題の打開やパワーアップ、内臓を強くする肉体的効果が得られます。

　また、頭脳を明晰にし、思考力を増幅、潜在能力を引き出すパワーがあるともいわれています。自信を高め、落ちついた的確な決断力と正しい行動ができるようサポートします。夢や目標を達成するよう導くほか、周囲の人々の信頼を勝ち取ることを助け、カリスマ性をもたらします。リーダーシップが必要なときや、知名度を上げたいときなどにおすすめです。

ダブルポイント
Double Point

　先端が両方ともとがっている石のことで、「ダブルターミネーテッド（両剣水晶）」ともいいます。やわらかい地盤のな

かで環境的な制限を受けずに育った、理想的な形とエネルギーを持っている水晶です。

　水晶のエネルギーはとがった部分から放射される性質がありますが、ダブルポイントは両端にポイントを持つため同時に2ヶ所からエネルギーの放射と吸収を行い、心身のバランスを整えます。また、潜在意識に働きかけ、霊的能力を開花させたり、内なる自己との統合を助けます。さらにコミュニケーション力を高め、意志の疎通をスムーズにしてくれるパワーも。恋人や家族、職場の人間関係などでコミュニケーションがうまくいかないときの助けとなってくれるでしょう。

　エネルギーを循環させる優れたヒーリングパワーも持っています。疲れている部分に当てる、もしくは身体に先端を近づけ、手や足に向かって外に押し出すように移動させると効果的です。

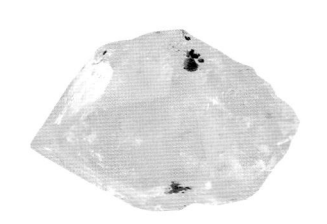

ハーキマーダイアモンド
— *Herkimer Diamond* —

　アメリカのニューヨーク州ハーキマー地区で採れる特殊なクリスタルです。ほかのクオーツよりも透明度が高く、ダイアモンドの八面体結晶によく似ていることから「ハーキマーのダイアモンド」と呼ばれるようになりました。ダイアモンドと違い、原石の状態からキラリと光る輝きを放ちます。約5億年前の、ニューヨークが海の底だった頃に

誕生したといわれ、古代地層を形成するドロマイトという鉱物内の空洞に生まれる石です。

　肉体、精神、感情のバランスを保ち、三位一体のつながりを強化します。滞ったエネルギーや身体エネルギーの詰まりを解消するので、深い疲労感にさいなまれている人におすすめです。とがった両端が宇宙のエネルギーを集め、片方の先からそのエネルギーを通し、もう片方の先から放出することから、意識を高め、自分の内なる力を高次元へと導きます。また、鮮明な夢を見せ、夢のなかで気づきをもたらすパワーがあることから「ドリーム・クリスタル」とも呼ばれます。夢のなかで自分に必要なことを気づかせ、サポートしてくれます。

ファーデンクオーツ
―― *Faden Quartz* ――

　一度壊れ、再び結晶化したクオーツです。地殻変動などにより細かく砕かれた結晶のすき間に、過飽和珪酸塩の溶液が流れ込み、再結晶化されます。砕けた結晶は、再びすき間を埋めるように結晶をはじめ、伸びていきます。ダブルポイントのタビュラー（平板状）のものが多く、内部に白い糸状のものが見られるのが特徴です。こうした過程を経て形成されたクリスタルは、エネルギーの結合を表します。

　平和と復活の象徴とされ、細胞の復活と再生を助け、心身とも

に生き生きとしたエネルギーで満たしてくれます。新陳代謝をうながし、生命エネルギーを活性化してくれるでしょう。愛に対しても復活と再生のエネルギーを持つため、失恋や挫折により受けたショックから、もう一度やり直すための強い気持ちを与えてくれます。また、人との結びつきを深め、協調性を高めて調和へと導きます。恋人や友人などの人間関係をスムーズにしたい人におすすめです。

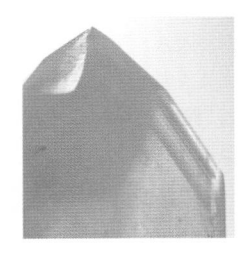

ファントムクリスタル
—— *Phantom Crystal* ——

ファントムとは「幻影」を意味し、水晶の内側に、先端に向かって何層もの結晶が形成されたものをさします。層が幻想的に浮かび上がる山のように見えることから「山入り水晶」とも呼ばれています。この層は木の年輪と同じようなもので、水晶が一時的に成長を止めた痕跡です。成長を止めた期間にほかの鉱物が降り積もり、その後、再び成長をはじめたことからできあがった結晶です。

成長と休止を繰り返すこの石は「再生をうながす石」として、現在・過去・未来を行き来するとされています。停滞を克服し、再生をうながすことで、人生で経験する節目や困難を乗り越え、成長していけるよう導いてくれるでしょう。また、潜在能力を引き出す力があるほか、愛の発展と再生を願う人のお守りに最適です。傷の治療や新陳代謝の促進にも効果があります。

ブリッジクオーツ
── *Bridge Quartz* ──

　ひとつのクオーツにもうひとつのクオーツが、はさまるようになったもの、貫いているもの、一部が刺さったものをさします。内と外の世界をつなぐブリッジ（橋）を意味し、自分と他人の間の橋渡しをしてくれます。内的世界と外的世界、高次の自己と自我、自分と他者を結びつけるエネルギーを宿しています。

　内面を理解するパワーを持つため、子どもと大人、男性と女性など、自分と異質なものとつながる力を与えてくれます。ギャップを埋め、ものごとをひとつにするパワーに優れていることから、社会のなかで新しい考え方を人に伝えるときにおすすめ。教える側・教えられる側の間に理解とコミュニケーションをうながすので、自分の考えを他人に自信を持って伝えることができ、相手にとっても話しやすい環境をつくります。大勢の人の前で発表をするとき、営業のときなどにおすすめの石です。

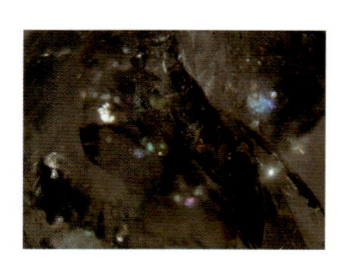

レインボークリスタル
── *Rainbow Crystal* ──

　水晶が結晶するときに生じた歪みや亀裂に光が当たることで現れる虹状の輝きをレインボーといいます。「アイリス

クオーツ」とも呼ばれ、ピュアなエネルギーを持ち、癒しの効果に優れています。意識を純粋な領域へと導くため、瞑想のときに使うこともおすすめ。

　七色の光により、自分がこの世に何のために生まれてきたのか、使命を知らしめてくれるといわれています。ネガティブな思考を解放し、ポジティブなエネルギーをうながしますので、悲観にくれたり、ショッキングな出来事で落ちこんだり、ものごとを悪くとらえてしまったりしたときに、前向きに生きる力を与えてくれます。

　また、天職につく、魂の伴侶であるソウルメイトを見い出す力も与えてくれます。癒されたい部分に石を当てると、やわらかな光で癒しのエネルギーを与えてくれるでしょう。

レーザークオーツ
—— Laser Quartz ——

　水晶のなかで最も強いエネルギーを持ち、ヒーリングに効果を発揮します。自然に形成された細長い姿は、先端にいくほど細くなり、先端には小さな平らな面がみられます。先端にいくほど高密度の分子構造をしていて、そこからレーザー光線のように強力なパワーを発揮します。石の先端を外側に向け、自分を中心に円を描くとシールド（結界）が張られ、ネガティブなエネルギーから守ってくれるといわれて

います。体調が優れないとき、レーザー光線を当てるようなイメージで、その部分に一瞬だけ先端を向け、すぐに離す方法を数回繰り返すことで、滞っていた気の流れを改善してくれます。

パワーが大変強いため、身体に長く当てすぎるとオーラに穴を空ける可能性があります。直接肌に当てないようにするなど、調節が必要です。

その他のおもなクリアクオーツ

ツイン
----- *Twin* -----

2本の独立したポイントがほぼ平行に密着して育ったものです。根本から2本に分かれているものを「ツイン」、根本はひとつで途中から2本に分かれているものを「タントリックツイン」、ほぼ同じ長さに成長したものを「ソウルメイトツイン」と呼びます。お互いを尊重しながら運命をともに生きていく意味を表し、恋人、夫婦、親子、友人など、あらゆる人間関係の絆を深く結びつけてくれます。

ジャパニーズローツインクオーツ
Japanese Law Twin Quartz

　ハート型の結晶で、日本でよく産出していたことから名付けられています。心臓を強くし、愛のパワーを具現化するエネルギーを持っています。また、90度に近い角度で広がる結晶は、上昇志向を表します。

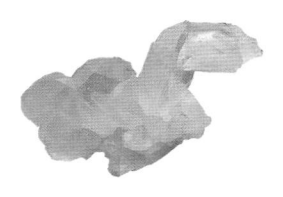

レコードキーパー
Record Keeper

　先端の面に少し盛り上がった上向きの三角形の印（レコード）を持った石のことをいいます。古代アトランティス人が知恵や知識などの高度な情報を記憶させた石といわれ、三角形はその入り口とされています。高度な知恵や、自分の過去・未来の情報を教えてくれます。高度な情報を受け取ることで、自己意識を高い次元へ導くことができます。

イシス
Isis

　底辺から2辺が短く、さらにそこから長い2辺で頂点をつくる五角形の面を持った水晶。古代エジプトの女神イシスにちなんで命名されました。究極の癒しの効果があるとされ、あらゆる癒し

を発揮します。苦しみのなかにも、美しさや深いやすらぎを見いだし、人生に豊かさをもたらすよう導いてくれるといわれます。

タビュラー
―― *Tabular Crystal* ――

　6面のうち、2面が特に広くなっている板状の水晶。側面に刻み目を持っていることが多く、これをこすると、内部に埋め込まれた情報を活性化させることができるといわれています。2つのものの懸け橋や絆となり、2人の人間の関係性や2つのチャクラなどのバランスを取るために有効とされます。

水入り水晶
―― *Water in Quartz* ――

　水晶の内部に水が封じ込められているもの。結晶成長時に表面にくぼみができ、そこに液体が取り残された状態で結晶が成長したといわれます。なかに含まれる古代のピュアな水が、水晶のパワーをさらに増幅し、よりパワフルなエネルギーを放つといわれます。

Column 1

クオーツと水晶、石英の違い

クオーツ、水晶、石英、クリスタルと、いろいろな名前で呼ばれています。でも、それらは実はみんな同じ元素を持った仲間たち。その違いには、いったいどのようなものがあるのでしょうか。

成分元素が同じ仲間

「水晶」は、鉱物学上は「石英」に分類され、どちらも英名は「クオーツ(Quartz)」と表記されます。日本では、石英のなかでも、結晶が大きく透明度の高いものを「水晶」と呼び分けているのが一般的で、その場合の英名は石英のそれと区別するため「ロッククリスタル(Rock Crystal)」という呼び方をする場合もあります。そもそも、どちらも同じ「SiO_2(二酸化珪素)」という成分からなる鉱物です。

　石英類はさらに、透明度や模様の違いから「カルセドニー(玉髄)」、「アゲート(瑪瑙)」、「ジャスパー(碧玉)」へ分類され、それらの異種を含めさらに細かく分類されています。このように一見、似ても似つかない石同士が、実は同じ成分からなっているというのも、鉱物のおもしろいところといえるでしょう。

　なお、日本では「クリスタル＝水晶」のようにとらえられ、混同して使われる傾向がありますが、「クリスタル(Crystal)」は本来、「結晶」のこと。本書においてはパワーストーン全般を表す言葉として使っています。

※次ページの図も参照してください。

Column 1

SiO_2
(二酸化珪素(けいそ))

石英類
半透明ないし不透明で、小さな結晶が集まり塊状になった石。

- ローズクオーツ(紅石英)
- グリーンクオーツ(緑石英)
- アメジストクオーツ(紫石英) etc.

クオーツ (Quartz)
二酸化珪素(SiO_2)からなる鉱物。日本では、結晶のでき方の違いから「石英」と「水晶」に分類されるが、英名ではどちらも「Quartz」と表記される。

結晶
- 小さい
- 大きい

クオーツ以外の SiO_2
- SiO_2の小さな粒が集まり、規則正しく並んだ石
  → オパール
- SiO_2を成分とする天然のガラス
  → オブシディアン、テクタイト etc.

水晶類
結晶度が高い(肉眼で見ることのできる大きな結晶であること)ものを水晶と呼ぶ。

- クリアクオーツ(水晶)
- アメジスト(紫水晶)
- シトリン(黄水晶)
- スモーキークオーツ(煙水晶)
- モリオン(黒水晶)
- ルチルクオーツ(針入り水晶)
  etc.

透明度

あり / なし

不透明な石

半透明な石（玉髄類）

ジャスパー（碧玉）
石英のなかで、不純物を20％以上含み、不透明でいろいろな模様や色がある石。

- レッドジャスパー（赤碧玉）
- ブラッドストーン（血石） etc.

模様

なし / あり

カルセドニー（玉髄）
石英のなかで、半透明で模様が目立たない石。色や模様により、さらに名前が異なる石もある。

- 深みのある赤色のカルセドニー（カーネリアン）
- 黄色や褐色がかった赤色のカルセドニー（サード）
- 緑色のカルセドニー（クリソプレーズ）
- ブルーカルセドニー（青玉髄） etc.

アゲート（瑪瑙）
石英のなかで、不純物を20％以上含み、不透明でいろいろな模様や色がある石。

- ブルーレースアゲート（空色縞瑪瑙）
- グリーンアゲート（緑瑪瑙）
- ブラックオニキス（黒瑪瑙）
- モスアゲート（苔瑪瑙） etc.

玉髄と瑪瑙の特徴をあわせ持つもの
- カーネリアンにはっきりとした縞模様が入った石→カーネリアンオニキス
- サードにはっきりとした縞模様が入った石→サードオニキス etc.

47

Column 2

色とクリスタルパワー

クリスタルの選び方のひとつに「カラー」があります。色彩は人間の心理に影響を及ぼし、ときにはその人の心理を表す場合もあります。色の意味と効果を知り、目的に合った色のパワーストーンを選びましょう。

黒色

神秘と現実性を表す色です。
夜と闇を象徴し、すべての色を統合します。邪霊を封じ、生命の源のパワーをつかさどることで、グラウンディング(現実に根ざした行動力)を養います。マイナスエネルギーから身を守り、迷いを断ち切りたいときに。
[対応するチャクラ] 第1チャクラ

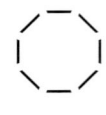

白色・透明

純粋さ、無垢、清浄さを表す色です。
神、光、浄化を象徴し、祈りを届けて、守護霊などの高潔なものとの結びつきを強くします。オーラを清め、高次元からの導きと総合的な浄化力を与えます。軽やかな気持ちになりたい、純粋な気持ちになりたいときに。
[対応するチャクラ] 第8チャクラ

紫色
霊性、芸術性、崇高さ、悟りを表す色です。
直感力と判断力を高めることで、インスピレーションと、創造力をもたらします。霊感を強くし、危険の察知と回避する能力を授けます。精神力、直感力、判断力を高めたいときや、精神的な充実感を得たいときに。
［対応するチャクラ］第7チャクラ

青色
知性、理性、静寂、真理を表す色です。
脳細胞を活性化し、思考能力を高めます。美意識も高めるので、洗練されたセンスが養われます。冷静さ、客観性をもたらします。智恵を得たいときや、おだやかに正直に自分を表現したいときに。
［対応するチャクラ］第5・6チャクラ

水色
調和と表現力、空気と水を表す色です。
全体を調和させ、リラックス効果をもたらします。思考やイメージを整理し、表現力を豊かにします。また、浄化力も高めます。心をクリアにして、リフレッシュしたいときに。
［対応するチャクラ］第5チャクラ

茶色
大地と自然を表す色です。
地に足のついた堅実な生き方をサポート。秘めたる闘争心と、ものごとを的確に処理する能力で成功へと導きます。
［対応するチャクラ］第0チャクラ

Column 2

緑色
癒しと平和を表す色です。
植物を象徴し、疲れた心と身体を癒して、苦痛や苦悩をやわらげます。ストレスを軽減し、魂を平安に導き、周囲との調和をうながします。自然の癒しが必要なときや、安心したいときに。
［対応するチャクラ］第4チャクラ

黄色
富貴、豊潤、黄金の光を表す色です。
感受性、霊的な感応能力を高めます。欲望や意欲を高め、反対に過度な場合には抑制するよう、うながします。また、願いを実現させる力をもたらします。ものごとを実現したいときや、前向きに考える力がほしいときに。
［対応するチャクラ］第3・7チャクラ

オレンジ色
喜びと明朗さを表す色です。
太陽を象徴し、活気、向上心、好奇心を呼び覚まします。積極性をもたらし、意欲的になります。また、明るい人格へと導きます。クリエイティブになりたいときや、目標を持って進むときに。
［対応するチャクラ］第2・3チャクラ

赤色
情熱と生存本能を表す色です。
火を象徴し、集中力、忍耐力、持続力をもたらします。血液循環をよくし、生殖能力を高めます。また、魅力を引き出し、

闘争心を呼び起こします。元気や行動力が必要なときに。
［対応するチャクラ］第1・2チャクラ

ピンク色

愛情と奉仕を表す色です。
やさしさと思いやりのある心をもたらします。深い包容力により、許しや慈悲の心が芽生え、円満な人格を築きます。また、保護と防衛の力も養います。女性らしい魅力を発揮したいとき、恋愛力を高めたいときに。
［対応するチャクラ］第4チャクラ

Iolite
アイオライト【菫青石(きんせいせき)】

ものごとの二面性、本質を示すビジョンの石

- 色：青色、帯紫青色、帯灰褐青色
- 産地：インド、スリランカ、ブラジル、マダガスカル、ミャンマー、タンザニア、カナダ、イギリス、ナミビア
- 結晶系：斜方晶系
- 成分：$(Mg,Fe^{2+})_2(Al_2Si)[Al_2Si_2O_{18}]$
- 硬度：7～7.5

《Keywords》
**本質的な解決を導く
迷いや不安を解消する**

特徴　見る方向によって色が変わる不思議な石

「ios(菫色)」と「lithos(石)」が語源で、光に透かして見ると方向によって色が変わるため、「2つの色を持つ石」という意味の「ダイクロアイト(Dichroite)」という別名を持っています。

色は主に、紫がかった青色、淡い青色、灰色がかった青色の3色。なかでも真っ青で透明度の高いものは「ウォーターサファイア」とも呼ばれ、宝石として人気があります。六角柱状の結晶を持ち、その結晶が分離して雲母に変質して風化することも。

その断面が花びらのように見えることから、俗に「桜石(さくらいし)」と呼ばれ、菅原道真公ゆかりの石として日本で古くから知られ、天然記念物となっています。

パワー　迷いを消し正しい方向への前進をうながす

　バイキングたちが羅針盤の代わりとして方角を求めるときに用いられたという言い伝えがあり、人生で迷いが生じたときに正しい方向を指し示す石とされています。何が正しいのか迷ったときや落ちこんでいるときに、心と身体にたまったゴミを洗浄し、すっきりとさせてくれます。また、不安やイライラを解消し、クリアな気持ちで心に安定をもたらしたり、余分な脂肪を体外に排出してくれたりといった効果もあります。

　アイオライトの青い色は精神に働きかけ、過剰な期待に応えなければというプレッシャーをやわらげ、楽な気持ちで努力できる心境へと導きます。あらゆる角度からものごとを冷静に判断する力をサポートしますので、新たな気持ちで再チャレンジするパワーを得ることができるでしょう。

使い方　感情の浮き沈みを抑え、すっきりしたいときに

　考えをすっきりさせたいとき、ネガティブなとき、人間関係のトラブルを解消したいとき、依存心を克服したいとき、感情にムラがあるとき、イライラしたときやダイエット中などに身につけましょう。瞑想するときに触れてもよいでしょう。

[取り扱いの注意点]
高価な宝石タイプでなければ、流水で1〜10秒ほど洗い、通常の浄化を行いましょう。
[相性のよい石]
アクアマリン、ロードクロサイト、ムーンストーン、レピドライト
[浄化方法]
日光浴、月光浴、クラスター、セージ
[対応する星座＆チャクラ]
第6チャクラ

―― Stone Message ――
人の意見に惑わされないで、自分のハートの声に耳を傾けましょう

Aquaaura
アクアオーラ【蒸着水晶】
<small>じょうちゃくすいしょう</small>

あらゆるものを清め、浄化するオールマイティーな石

- 色：青色、赤色、黄色、虹色
- 産地：アメリカ、ブラジル
- 結晶系：六方晶系
- 成分：SiO_2+Au
- 硬度：7.5～8

《Keywords》
**創造力を高め、自己表現を強化
潜在意識を引き出す**

特徴　現代の錬金術が生み出したレインボーカラー

　天然の水晶に金属を蒸着させて色を加えた石です。虹色に輝くこのメタリックブルーの色みは、Aグレードのクリアな水晶に金を蒸着することで生まれます。最高級のアクアマリンに色あいが似た高級なイメージですが、流通量も多く安価に手に入りやすいため人気があります。

　水晶に金を蒸着させた青色のものを一般的に「アクアオーラ」と呼びますが、蒸着する金属によって石の色みが変わり、それぞれが違う名前で呼ばれています。銀を蒸着させたものは「アクアオーラホワイト」、チタンを蒸着させたものは「コスモオーラ」と呼ばれています。その他、プラチナやコバルトを蒸着したり、複数の金属を合金したものを用いたりして、数多くの色あいを持つものがあります。

パワー　浄化と心の鎮静の作用を持つパワフルストーン

　古くから占いやヒーリングに使われてきた水晶に、ゴールドのパワーが加わった非常に強力なエネルギーの石。人とのコミュニケーション能力を高め、持ち主の潜在意識を引き出し、創造力を豊かにするパワーがあります。インスピレーションを高め、自己表現の力を強化。やるべきことに立ち向かうとき、自信とプライドを授けてくれます。

　持つ人のオーラを修復する力があり、心身のバランスをトータルで整えていきます。あらゆることに対して統合・調和を生み出すため、ストレスを解放し、悲しみ、コンプレックス、怒りなどのネガティブな感情を鎮静して、あなたの可能性を最大限に引き出してくれるでしょう。水晶と同様、自己成長や霊的成長をサポートする力も持ちます。

使い方　精神の安定と内なる強さがほしいときに

　自信とプライドがほしいとき、ストレスや怒りを鎮静させたいとき、災いを断ち切りたいとき、新しい自分に立ち向かうときに。潜在能力を引き出し、想像力やイメージを活性化したいときや、コミュニケーションを円滑にしたいときにもおすすめ。

[取り扱いの注意点]
強い衝撃を与えないよう注意しましょう。自浄作用があるので頻繁に浄化する必要はありません。
[相性のよい石]
クリアクオーツ
[浄化方法]
日光浴、流水

―― *Stone Message* ――
自分自身の本当の姿と向き合うとき、状況を変えるヒントがみつかります

Aquamarine
アクアマリン【緑柱石／藍柱石／藍玉】
りょくちゅうせき　らんちゅうせき　らんぎょく

若さとパワーを与える不老不死の石

- 色：海水青色、無色
- 産地：ブラジル、パキスタン、マダガスカル、インド、ナミビア、ロシア、スリランカ、ナイジェリア、アフガニスタン、中国、アメリカ、アイルランド
- 結晶系：六方晶系
- 成分：$Be_3Al_2[Si_6O_{18}]$
- 硬度：7.5～8

《Keywords》
**コミュニケーション能力の向上
精神を静め、慈愛をはぐくむ**

特徴 船乗りのお守りとして有名なマリンストーン

　3月の誕生石で知られる、海のような透明感のある青い石。ラテン語の「aqua（水）」と「marine（海）」が語源で、海の青さを示します。おだやかな海の色や海の精の力のイメージから、縁起をかついで船乗りたちの航海上の安全を守る守護石として用いられていました。原石は緑がかっていますが、多くは加熱処理されて、緑色が取り除かれています。水色、濃青色、濁った白色などのバリエーションがあり、なかでも水色の曇りガラスのような色の石は「ミルキーアクア」と呼ばれています。鉱物学上ではベリル（緑柱石）という鉱物に分類され、エメラルドと同じ種類の石です。微量な元素の混入によりさまざまな色に変化し、濃い緑色をエメラルド、淡い青色をアクアマリンと呼びます。

パワー　鎮静エネルギーで心身ともにリラックス

　幸せ、永遠の若さ、富、喜び、勇気を象徴する石です。海のパワーを持つといわれるこの石は、水のなかに身をゆだねているような清らかな気持ちにさせてくれます。人に対するやさしい気持ちを導き、柔軟な心で自分自身や他人を愛し、受け入れられるように働きかけます。幸せな恋愛や結婚をもたらすほか、コミュニケーション能力を高める効果もあり、自分の意志を正しく伝えるときにも有効。心を静めることで不要なものを取り除いて、心身に本来の美しさと正しさを取り戻します。

　暗い照明で輝きを増すことから「夜の宝石の女王」と呼ばれており、ネガティブな気持ちになったり困難に陥ったりしたときに希望を示してくれる石でもあります。旅行に携帯すると、不慮の事故から身を守ってくれるともいわれています。

使い方　やさしく清らかな心を取り戻したいときに

　人間関係でストレスを感じたとき、恋人や夫婦関係で悩んだとき、生活や心に潤いがほしいとき、苦手な相手とのコミュニケーションで気疲れしているとき、情緒性や芸術性を高めたいときに。

[取り扱いの注意点]
原石タイプなら、流水で流い、午前中の太陽に当て浄化をしましょう。宝石タイプは月光やセージで浄化しましょう。
[相性のよい石]
ブルーレースアゲート、ソーダライト、カルサイト、オニキス
[浄化方法]
日光浴、月光浴、セージ
[対応する星座＆チャクラ]
牡羊座・牡牛座・双子座・天秤座・蟹座・魚座／第5チャクラ

―― *Stone Message* ――
願いを叶えるために、いま執着しているものを手放してください

Agate
アゲート【瑪瑙】

大地のエネルギーを持つおおらかな石

- 色：白色、灰色、褐色、赤色、黄色、青色、緑色、黒色
- 産地：ブラジル、ウルグアイ、インド、インドネシア、アメリカ各州、中国、アフリカ各国
- 結晶系：六方晶系（潜晶質）
- 成分：SiO₂
- 硬度：7

《Keywords》
家族愛を深め、強い絆で結びつける
対人関係による失敗を防ぐ

特徴　世界中で愛されているポピュラーな石

　縞模様を持つ半透明の石で、和名では「瑪瑙」といいます。アゲートの名は、最古期の産出地、イタリア・シチリア島の川の名前「アカーテ (acate)」から名付けられました。採れない国はないほど、世界中で採掘されているポピュラーな石で、日本海沿岸にも多数の産地があります。染色しやすく緻密で硬いため、文字や文様を彫り込んだ装飾品や護符として珍重されてきました。この石の縞模様の色の違いを利用してつくられた装飾物が「カメオ」で、貝のカメオはこれを模したものです。

　アゲートはクオーツ（石英）という鉱物の一種で、天然のクオーツのなかでも肉眼で見える大きな結晶を水晶と呼び、目に見えない小さな結晶の集合体をカルセドニーと呼びます。カルセドニー

のなかで、縞状の層を持つものがアゲートです。

パワー　安定と機知を与え人間関係を円滑にする

大地のおおらかなエネルギーを受け継いでおり、大地に足をつけてリラックスするように、心を落ちつかせ、ストレスを軽減して緊張をやわらげてくれます。さらに心の豊かさと安心、感謝の気持ちをはぐくみ、健康と富貴をもたらす幸運のパワーを持ち、植物の生育をもうながします。

別名「真実の石」と呼ばれ、落ち込んだときや孤独なときに意識を切り替え、ネガティブな気分を回復するサポートをしてくれます。さらに、家庭、職場、友人などの対人関係に起こる失敗やトラブルを防ぎ、精神的強さを養います。人に思いやりを持った対応ができるようになり、やさしい気持ちが通じやすくなるので、親子・兄弟などの家族の絆を深いものにしてくれます。

使い方　おだやかな気持ちで人と接したいときに

人間関係を円滑にしたいとき、困難を切り抜けたいとき、嫌な自分が出てしまうときに。安産・長寿・富貴・健康のお守りに。植物や動物との心の交流を大切にしたいときにもおすすめです。

[取り扱いの注意点]
太陽光に頻繁に当てたり、流水で洗ったりすると石の色が濁り、石質が変化することがあります。
[相性のよい石]
シトリン
[浄化方法]
日光浴、流水
[対応する星座&チャクラ]
双子座／第0チャクラ

= Stone Message =
ストレスを解放しアイデアを得たいときは、自然のなかでゆっくり過ごしましょう

Azurite
アズライト【藍銅鉱】
らんどうこう

心と身体を晴れやかにしてくれる神聖な石

- 色：藍青色
- 産地：アメリカ(アリゾナ州)、ナミビア、メキシコ、フランス、ロシア、モロッコ
- 結晶系：単斜晶系
- 成分：$Cu_3(CO_3)_2(OH)_2$
- 硬度：3.5〜4

《Keywords》
**柔軟な発想と深い洞察力の向上
肉体と精神の浄化**

特徴 古来文明で神聖視されていた群青の石

　モロッコやナミビアで良品が産出され、直感力を磨くヒーリングストーンとして人気です。深い藍青色が神秘的なことから、古代文明では霊石とされてきました。成分がほぼ同じであるマラカイトとともに産出されることが多く、2つが一緒になったものは「アズロマラカイト」と呼ばれ、より高いヒーリング効果があるといわれています。

　またアズライトは、日本画に欠かせない岩絵具の材料でもあり、同じ顔料であるラピスラズリの瑠璃色よりも深くて強い青みがあります。水が加わり炭酸が抜けると、緑色のマラカイトに変化する性質を持っています。海外でも中世まで青色の絵の具として使用されており、当時描かれた青色の絵は緑がかって見えるも

のがあります。硬度が低く砕けやすいことから、アクセサリーには不向きな石です。

パワー　柔軟な発想と精神・肉体の浄化をうながす

「第三の目を開く石」といわれ、潜在能力や想像力、観察力を高めてくれます。ひとつの考えにとらわれているとき、凝り固まった思考や心をほぐし、歪みを取り除いて、新しい発想やいろいろな考え方ができるようになります。疲れたときや無気力になったときにも有効で、緊張をほぐしてリラックスさせ、成功へと導きます。精神と肉体の両方に作用し、一時的なものから慢性的なものまで、疲れを内側から回復させるエネルギーを持っています。また、将来に対する不安を取り除き、臆病な心を追い払ってくれます。

使い方　心身のコリと疲れを癒したいときに

型にはまった考え方や発想から解放されたい、冷静に自分を見つめ直したい、ものごとの本質を見極めたいときに。疲れてやる気がでないときや感性に磨きをかけ才能を開花させたいとき、自分が本当に求めている願いを知りたいときにも最適です。

[取り扱いの注意点]
原石タイプは大変もろいので、持ち歩きは避けたほうがベターです。持ち歩く場合は宝石タイプのものを。汗に弱いので、身につけるときは注意してください。乾燥も嫌いますので、太陽光は避けましょう。流水も好ましくありません。
[相性のよい石]
セレナイト、マラカイト、ソーダライト
[浄化方法]
月光浴、セージ、クラスター
[対応する星座&チャクラ]
牡羊座・射手座・山羊座／第1・5・6チャクラ

― Stone Message ―
ものごとの表面にとらわれずに深く見つめることで、直観力がよみがえります

Aventurine
アベンチュリン【砂金水晶／砂金石英】

平和と愛をもたらすソフトなクオーツ

- 色：緑色、青色、褐色、赤色
- 産地：インド、アメリカ、ブラジル、ジンバブエ、シベリア
- 結晶系：六方晶系（粒状集合体）
- 成分：SiO_2
- 硬度：7

《Keywords》
**ストレスを緩和し、
安定した気持ちを取り戻す
記憶力や集中力のアップ**

特徴　キラキラ光る緑や赤の小さな結晶

　キラキラと輝く結晶を含む、緑色・青色・赤色のクオーツ（石英）です。クオーツのなかにクロム雲母や赤鉄鉱、針鉄鉱などが混じった石をアベンチュリンと呼び、石に入った細かな結晶が光に反射してキラキラ輝くのが特徴。最もポピュラーなのは緑色の「グリーンアベンチュリン」。ほかにも「レッドアベンチュリン」や「ブルーアベンチュリン」などがあります。グリーンアベンチュリンは、良質な石がインドで多く採れることや、色あいが翡翠に似ていることから日本では「インド翡翠」とも呼ばれます。

パワー　やさしいエネルギーでストレスをやわらげる

　ソフトなエネルギーを持ち、ストレスを癒す効果が高いことか

ら「リラックスの石」といわれています。自律神経のバランスを整えてイライラを静め、気持ちをリラックスさせることで、冷静な判断ができるよう導いてくれたり、集中力と記憶力を高めてくれたりします。ハートに働きかけ愛情を豊かにすることで、広い目でものごとをとらえたり、すべてをあたたかく受け止めることができるようになったりし、問題を円満に解決するための糸口に導いてくれるでしょう。ものごとの本質を見抜き、先見の明を与えるパワーがあるともいわれ、大きな運とツキを運ぶ石としても有名です。色によってそれぞれ異なった力があります。

使い方 おだやかな気持ちを取り戻したいときに

　人間関係を円滑にしたいとき、ストレスの緩和、混乱した心を安定させたいとき、記憶力を高めたいときに。また、ここいちばんの勝負をかけるときに大きなチャンスが得られます。イライラや不安を抑え、おだやかで安定した気持ちを取り戻したいときはグリーンアベンチュリンを。抑えつけられた感情を解き放ったり、トラブルに正面から向かう強さがほしいとき、豊かな発想力を得てエネルギッシュになりたいときは、レッドアベンチュリンを身につけるとよいでしょう。

[取り扱いの注意点]
水に長時間浸けると傷むことがあるので注意しましょう。
[相性のよい石]
パイライト、プレナイト、アンバー、モスアゲート
[浄化方法]
流水、日光浴
[対応する星座&チャクラ]
牡羊座・天秤座／第4チャクラ

Stone Message

ときにはリフレッシュして、心の疲れを解放しましょう!

Apophyllite
アポフィライト【魚眼石(ぎょがんせき)】

自己を解き放ち、精神的な自由をサポート

- 色：無色、白色、灰色、淡緑色、淡黄色、ピンク色
- 産地：インド、カナダ、アメリカ、ブラジル、メキシコ
- 結晶系：正方晶系
- 成分：$KCa_4Si_8O_{20}(F,OH)\cdot 8H_2O$
- 硬度：4.5〜5

《Keywords》
精神性を高める
心の浄化、霊力を授ける

特徴　魚の眼に似た、キラキラと美しい白い光

　見る方向によって、白くぼんやりとした真珠のような輝きを見せる石です。その光沢が魚の眼に似ているということから、和名では「魚眼石」、欧米では「Fish-eye Stone」とも呼ばれています。

　色は無色透明、澄んだ緑色、淡い黄色など。四角錐または柱状の結晶をしていて、柱形の結晶が結集した形と、ピラミッド状の先端を持つ水晶クラスターのような形があります。水分含有率が高く、熱すると水分が失われ葉片状に割れる性質があり、ギリシャ語の「apo(剥離)」と「phullon(葉)」に由来してアポフィライトと名付けられました。パワーストーンとして人気の高い石ではありますが、アクセサリーとして加工されることは稀です。

パワー　クリーンなパワーで精神を高次元に導く

　アポフィライトは、優れた浄化力を持ち、心身を枠から解き放つパワーを持つ石。思い込みや習慣で自分の行動や思考を縛っているとき、この石の力がネガティブな固定観念から自己を解放してくれます。閉塞感や行き詰まりを打破し、世界を広げ、ありのままの自分を見つめられるよう導いてくれるでしょう。進むべき道を示し、目標達成のために新しい一歩を踏み出す勇気を与えてくれます。また心や身体の疲れを癒し、ものごとをリセットすることを助けます。

　心身を浄化することで直観力や洞察力を高め、精神レベルをより高い状態に導き、おだやかな考え方や態度、誠実さ、落ちつきを得ることができます。独特の輝きから神聖なパワーがあると信じられていて、インドでは古くから宗教的な儀式などに利用されてきた石です。

使い方　目標に向かって突き進みたいときに

　目標を達成したいとき、人生に行き詰まりを感じるとき、精神的な疲れから神経過敏になったとき、精神的な救いを求めたいときに。ものごとをリセットしたいときにもおすすめです。

[取り扱いの注意点]
もろく繊細な石なので注意して扱いましょう。
[相性のよい石]
ターコイズ、タイガーアイ
[浄化方法]
クラスター、セージ
[対応する星座&チャクラ]
双子座・天秤座／第4・6・8チャクラ

――― Stone Message ―――
状況に感謝をすることで、新たな本質が見え感動が生まれます

Amazonite
アマゾナイト【天河石】
未来を明るく照らす、希望を象徴する石

- 色：空青色、青緑色、緑色
- 産地：アメリカ、ブラジル、カナダ、マダガスカル、ロシア、インド、パキスタン、タンザニア、南アフリカ、サハラ砂漠
- 結晶系：三斜晶系
- 成分：K [AlSi$_3$O$_8$]
- 硬度：6〜6.5

《Keywords》
**精神の安定と自己実現をサポート
表現力・コミュニケーション力を高める**

特徴　おだやかに流れる大河のような色あいが魅力

　青色や水色など、大河を思わせる美しい色あいをした石です。この石の和名の「天河石」はアマゾン川のあて字ですが、実際はそこから産出されることはありません。アマゾン川流域に点在している金の鉱山から出る、青緑色の別の鉱物と混同されたことが名前の由来となり、いまに至っています。緑一色のものは、見た目が翡翠に似ていることから「アマゾンジェード」と呼ばれることがあります。単一色のものは数が少なく、青色や緑色に白色が入っているものがほとんどです。鉱物学的には、マイクロクリンというアルカリ長石の一種に属します。無色・白色・黄色・ピンク色・赤色・灰色などさまざまな色を持つマイクロクリンのなかでも、青色や緑色のものだけがアマゾナイトと呼ばれます。この

特徴的な色は、アマゾナイトに含有される鉛成分の影響です。

パワー　迷いを取り去り、未来への道を示す

　男性的な力強いエネルギーを感じさせる青の色あいから、「希望の石」「行動の石」といわれています。迷いを取り払い、自分の進むべき道へと導き、未来への希望をもたらします。焦りや絶望感から解放され、平常心を取り戻し、冷静な判断や順序立てた考え方ができるようになります。さまざまな原因から生じる不調を解消し、精神と肉体のバランスを整えて、心身ともに健康へと導きます。肉体と精神のよい面を強化するエネルギーを持ち、可能性を広げてくれます。コミュニケーション力を高める作用もあるので、対人関係にもよい影響を与えてくれるでしょう。

使い方　自信と希望を持って夢を実現させたいときに

　優柔不断な性格と決別したいとき、進むべき方向に迷いがあるとき、思考を整理したいときに。落ち込みから早く立ち直りたいときや強い気持ちでがんばりたいとき、生き方に自信をつけたいときや元気がないときにも適しています。また、表現力を高めたいとき、筋力の衰えを回復したいときにも。

[取り扱いの注意点]
汗に弱いので、身につけるときには、こまめに乾拭きをしましょう。
[相性のよい石]
ホークスアイ、ルチルクオーツ、ラピスラズリ、ローズクオーツ
[浄化方法]
流水、日光浴、月光浴、クラスター、セージ
[対応する星座＆チャクラ]
乙女座／第4チャクラ

―― Stone Message ――
決断に迷いがあるときは、静かな空間でその目的を思い出してみてください

Amethyst
アメジスト【紫水晶(むらさきすいしょう)】

冷たさと熱さをあわせ持つ、気高いクリスタル

- 色：紫色(結晶により濃淡、褐色・灰色がかったものがある)
- 産地：ブラジル、ウルグアイ、インド、ロシア、南アフリカ、メキシコ、アメリカ、スリランカ、韓国、北朝鮮、ジンバブエ、タンザニア、ケニア、マダガスカル、ウガンダ、カナダ
- 結晶系：六方晶系
- 成分：SiO_2
- 硬度：7

《Keywords》
**判断力や直感力を高める
人間関係をスムーズにする**

特徴 古くは酒に強くなるお守りの石として愛用

　2月の誕生石として有名な、紫色の水晶。紫色の石の代表として広く知られ、アクセサリーや宝石として人気があります。ギリシャ神話に登場する酒の神バッカスのいたずらをきっかけに石に変えられてしまった乙女の名前「アメジスト」にちなんで名付けられました。ギリシャ語の「amethystos(酒に酔わない)」に由来し、この石を持っていると酒に酔わないといわれています。

　無色透明の水晶に鉄分が含まれ紫色に変色したもので、水晶の仲間のなかでもアメジストは最高位とされています。色むらが多いため、色が深く一様に見えるものほど上質とされます。同じく水晶の色変種に、アメジストと同じ鉄分を含む黄色の「シトリン」がありますが、市場に流通しているシトリンのほとんどが、アメジ

ストを加熱処理し黄色に変色させたものです。シトリンとアメジストが混じりあった珍しい石「アメトリン」も人気です。

パワー　心を癒しインスピレーションを高める

　高貴な色を表す紫色の、霊性の高い石とされ、宗教儀式などで身につけるものとして大切にされていました。霊的なパワーが強く、第六感を高めて創造性を豊かにし、邪なものから身を守るお守りとしての効果もあります。「愛の守護石」としても知られていて、恋人や家族、友人との絆を深め、真実の愛を守り抜く強さを育ててくれます。情熱の赤と冷静の青が混じりあっているため、周囲に流されない強い心で感情をコントロールできるようになり、直感力や冷静な判断力をもたらします。心を静め、不安を抱える人には癒しを、傷ついた人にはやすらぎを与えてくれます。薄い紫色は、神経を癒しやすらかな眠りを誘う効果もあります。

使い方　やすらぎや真実の愛を深めたいときに

　心配・恐れ・トラウマによるストレスをやわらげ精神を安定させたいとき、恋愛を成就させたいときに。インスピレーション・集中力・創造力・理解力を高めたいときや不眠の改善にも適しています。

[取り扱いの注意点]
太陽に当たると脱色しますので、日光浴による浄化は避けましょう。
[相性のよい石]
ダイアモンド、スギライト、モルガナイト、ルチルクオーツ
[浄化方法]
流水、クラスター、セージ
[対応する星座＆チャクラ]
牡羊座・射手座・水瓶座・魚座／第5チャクラ

― Stone Message ―
その問題の答えは自分自身の内側にあります。心の声に耳を傾けてみましょう

Aragonite
アラゴナイト【霰石<small>あられいし</small>】

やわらかくおだやかな暖色で心身ともにリラックス

- 色：無色、白色、黄色、橙色、淡紫色、淡青色、灰色、緑色、褐色
- 産地：スペイン、オーストラリア、イギリス、メキシコ、チェコ、ナミビア、イタリア、ペルー、チリ、アメリカ、台湾
- 結晶系：斜方晶系（時に擬六方晶をなす）
- 成分：$CaCO_3$
- 硬度：3.5〜4

《Keywords》
感情のバランスを保つ
プレッシャーに強い心をはぐくむ

特徴　海の生きものと同じ成分でできた石

　珊瑚や貝殻と同じ、炭酸カルシウムからできている石です。色は無色から緑色までさまざまですが、日本ではオレンジ色のものがよく知られています。名前は、スペインのアラゴン（Aragon）地方が最初の発見地であることに由来しています。

　和名は、江戸時代の本草学者が、霰状になって産出する原石を見て命名しました。明治時代にこの霰状の石がアラゴナイトと考えられ、霰石と呼ばれるようになりましたが、実は別の鉱物（オパールかカルサイトの可能性が高い）であったことが後に判明。間違いとわかったいまでも、名前がそのまま使われています。

　アラゴナイトと同じ成分を持つ鉱物として、カルサイトがあります。成分は同じですが、結晶の構造が異なり、その違いによっ

て霰状や珊瑚状に産出されるのがアラゴナイトです。

パワー　心身のバランスを整え自信を回復する

　おだやかな光を放つこの石は、別名「なごみ石」とも呼ばれ、心身のリラックスに効果があります。ストレスによる身体の不調と心の疲れを取り除いてくれます。眠れないときに、枕の下に置いたり手で握ったりすると、おだやかな気持ちになり、ぐっすり眠ることができます。

　やわらかくあたたかなエネルギーで、精神的にハードな状態にあっても集中力を高め、十分に能力を発揮できるようにしてくれます。いざというときに緊張してしまい、本来の力を発揮しにくい人の助けにもなってくれるでしょう。また、人との出会いを豊かにし、友情や愛情を深めてくれる効果もあります。コミュニケーションを円滑にし、社交性を高めてくれます。

使い方　プレッシャーに打ち勝ちたいときに

　精神的疲労がたまったとき、ストレスで気持ちに余裕がないとき、持続力や直感力を養いたいときに。夜眠る頃になると気持ちが沈むというときにも有効です。

[取り扱いの注意点]
やわらかく、傷つきやすいので取り扱いには注意しましょう。
[相性のよい石]
クリアクオーツ、ムーンストーン
[浄化方法]
日光浴、流水
[対応する星座&チャクラ]
山羊座／第5チャクラ

── *Stone Message* ──
現状を滞らせている原因は、あなたの心の緊張と関連があります。リラックスしてみましょう

Amber
アンバー【琥珀】

太古の樹脂から生まれた万能パワーの持ち主

- 色：黄色、褐色、橙黄色、黄白色、赤色、帯青黄色、青色、帯淡緑黄色
- 産地：ロシア、ラトビア、リトアニア、エストニア、ポーランド、ドイツ、デンマーク、ノルウェー、イタリア、ミャンマー、イギリス、ドミニカ、中国、メキシコ
- 結晶系：非晶質
- 成分：$C_{10}H_{16}O+H_2S$
- 硬度：2〜2.5

《Keywords》
**心身のコンディションを整える
情報伝達をスムーズにし
交渉力が高まる**

特徴　原始の太陽を閉じ込めたタイムカプセル

　アンバー(琥珀)は、松などの木の樹脂が固まって化石となったもので、およそ3000万年前に生成されたと考えられています。厳密にいうと鉱物ではありませんが、古くから富と健康の宝石として親しまれてきました。黄色かそれに近い色のものがほとんどですが、紫外線の影響により、赤色、緑色、青色といった色みのものも発見されています。

　熱すると独特の香りを放つことから、アラビア語で龍涎香を指す「anber」が名前の由来です。日本の代表的なアンバーの産地である岩手県久慈市では「薫陸香」と呼び、香料や虫除け、塗料

の材料として活用されていました。アンバーのなかに虫や植物が取り込まれて化石化したものもあり、地質学や生物学の貴重な資料ともなっています。また、ヒーリングストーンとしても人気。

パワー　富と健康をもたらす熱い生命エネルギー

　お守りとしての効果や健康への効果が高い、水晶に次ぐ万能のパワーストーン。その明るくあたたかいエネルギーは、心身を保護して生命力を高め、新たな活力を与えて、免疫力や抵抗力の弱った身体を強くしてくれます。また、長寿や安産をうながすお守りとしても活用されています。強いヒーリング力と浄化力があり、身体の不調や心の落ち込みを回復させ、心身にたまった毒素を排出して疲れやストレスを癒してくれます。人間関係では誤解や食い違いを取り払い、円満なコミュニケーションを助けてくれます。中国では風水の四神獣「白虎」を象徴する宝石とされ、金運をアップさせ、交渉力を養ってくれる石ともいわれます。

使い方　体調を整え、スムーズに仕事をしたいときに

　仕事の交渉・接客のとき、体質を改善したいとき、人間関係を友好的にしたいときに。安産・健康・長寿・金運アップのお守りとしても適しています。

[取り扱いの注意点]
有機質なもののため熱や汗に非常に弱いです。汗がついたら速やかに水で洗い、やわらかい布で拭いてください。
[相性のよい石]
ラピスラズリ、ガーネット、コーラル、シトリン
[浄化方法]
月光浴、セージ、クラスター
[対応する星座&チャクラ]
蟹座・獅子座・乙女座／第5チャクラ

— *Stone Message* —
過去の古い考え方や思い込みから、自分自身を解放しましょう

Emerald

エメラルド【翠玉／翠緑玉】
（すいぎょく／すいりょくぎょく）

治療石として珍重されたドクターストーン

- 色：緑色（その他の成分の混入により黒みや黄色がかるものがある）
- 産地：コロンビア、アフガニスタン、ロシア、インド、ブラジル、パキスタン、オーストラリア、南アフリカ、ジンバブエ、タンザニア、モザンビーク、マダガスカル
- 結晶系：六方晶系
- 成分：$Be_3Al_2[Si_6O_{18}]$
- 硬度：7.5〜8

《Keywords》
**不老・長寿・幸福をもたらす
記憶力や直感力を高める**

特徴　地下深くから生まれる宝石の女王

　5月の誕生石として知られる、緑色に輝く石です。アクアマリンと同種のベリル（緑柱石）という鉱物に分類され、さまざまな色がありますが、なかでも濃い緑色のものをエメラルドと呼んでいます。ほとんどのベリルが地表近くでつくられるのに対し、エメラルドは採取しにくい地下深いところでつくられるため産出量が少なく、高価な石とされています。アンデス山脈に点在するエメラルド鉱山は、かつては海の底にあったため、そこから産出される石には、岩塩の結晶と塩水が内包されているものが多くみられます。なかでも、気泡が入っているものを「三相インクリュージョン」と呼び、光にかざすと内包物が木や草の生い茂った庭のよう

に見えることから「天国が見える石」とも呼ばれました。

パワー　疲れた身体と心を癒し活力を与える

　生命と再生を象徴する石。豊かな愛のパワーに満ちていて、すべての人をあたたかく包み込んでくれる母のような石です。奉仕の心を導き育て、献身的な愛情表現をうながします。また、恋愛成就や友情のお守りにもなります。古くは大地のパワーが宿ると考えられ、未来を予言する石として神聖視されていました。持ち主に危険が迫ると色が薄くなり、異変を知らせるという言い伝えもあります。頭を明晰にし、記憶力や直観力を高めるので、クリエイティブな仕事の人には芸術的なひらめきを、学業中の人には成績アップを、人生の転機にある人には行動する力を与えてくれます。また、古くから治療石として世界中で用いられており、高いヒーリング効果を得られます。特に眼病の治療に重用され、目の輝きを増すともいわれています。

使い方　自然治癒力や愛情を高めたいときに

　心身をパワーアップさせたいとき、男女間でよい関係を築きたいとき、リラックスしたいときに。思考力や記憶力、直感力を高めたいときに。

[取り扱いの注意点]
紫外線や衝撃、圧迫に弱いので注意しましょう。
[相性のよい石]
スギライト、セレナイト、オニキス、オレンジトパーズ
[浄化方法]
流水、月光浴、セージ、クラスター
[対応する星座＆チャクラ]
牡牛座・蟹座・獅子座・天秤座／第4チャクラ

― *Stone Message* ―
もう一歩前に進むために、ときには休養を取ることも大切です

Angelite
エンジェライト【硬石膏(こうせっこう)】

天からのメッセージを伝える「祈りの石」

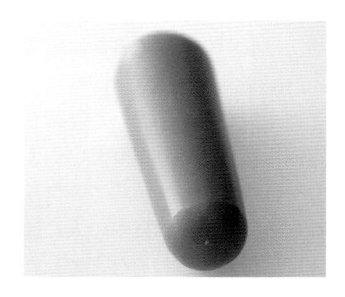

- 色：帯青灰色、青色、帯青空色、空青色
- 産地：ペルー、南アフリカ、イギリス
- 結晶系：斜方晶系
- 成分：$SrCaSO_4$
- 硬度：3～3.5

《Keywords》
**チャンスを最大限に生かす
深い愛の認識**

特徴　天使を思わせる、平和でやさしい空の色

ストロンチウムという成分を含んだ、「アンハイドライト」と呼ばれる鉱物の一種です。同じ成分を含んだ鉱物に「セレスタイト」があります。エンジェライトとセレスタイトは似た性質を持っているため、セレスタイトの代用品としてこの石を身につけることもできます。セレスタイトは研磨できないほどもろいのに比べ、エンジェライトは加工が可能なため、よく流通しています。

パワー　本質を理解させてくれる「気づき」の石

スピリチュアルな領域との橋渡しをしてくれるとされるパワーストーン。宇宙意識を感じたいと願う人々に絶大な人気を誇っています。

エンジェライトは、ギリシャ語の「Angelos」に由来する天使の石です。本来の正しい道に向かうよう直感をうながし、正しく必要なものを選べるようにアンテナを磨くのを助け、大切なチャンスを逃さないようサポートしてくれます。まるで神からのメッセージを伝える天使のように、人生における大切なことへの気づきを与え、愛の大切さを本質から教えてくれます。世界平和から恋愛まで深い愛をもたらし、博愛と平和の精神を目覚めさせてくれるでしょう。

　心のなかに隠れている潜在的な恐怖、苦痛をぬぐい、おだやかさと安定感を与え、何かで行き詰まりを感じているときや苦渋の選択に迫られているときなどに、希望の光を与えてくれるでしょう。古くは、豊作と好天に恵まれるようにと祈りを込められたお守りとしても崇められてきました。解熱作用もあるとされ、漢方薬としても用いられています。

使い方　マイナス思考をプラス思考に変えたいとき

　生きる道に迷ったとき、恐怖や不安があるとき、過去の失敗にとらわれているときに。やさしい気持ちになりたいとき、直感力や向上心を高めたいとき、チャンスを活かしたいときにもおすすめ。

[取り扱いの注意点]
水にはさらさないよう注意しましょう。
[相性のよい石]
セラフィナイト、ラブラドライト、ルチルクオーツ
[浄化方法]
月光浴、セージ
[対応する星座&チャクラ]
第5チャクラ

— Stone Message —
目を閉じてハートの上に手を置いてみましょう。それが愛の温度です

Onyx
オニキス【縞瑪瑙】

トラブルから身を守る、魔除けの石

- 色：黒色、白色、灰色、緑色、黄色、赤色、茶色
- 産地：インド、ブラジル、ウルグアイ、中国、ドイツ、チェコ
- 結晶系：潜晶質石英
- 成分：SiO₂
- 硬度：7

《Keywords》
**決断力と行動力をもたらす
周囲の人の影響から身を守る**

特徴　つややかな色あいと縞模様が魅力的な石

　魔除けのパワーストーンとして知られる、8月の誕生石です。アゲートの仲間で、もともとは白と黒の縞模様をした瑪瑙のことをオニキスと呼んでいましたが、後に「ブラックオニキス（黒瑪瑙）」や「サードオニキス（赤瑪瑙）」なども含まれるようになりました。日本では、特にブラックオニキスが有名です。

　ギリシャ語で縞模様を意味する「onux」を語源とするため、オニキス以外の縞模様の鉱物の通称として用いられることもありますので、気をつけましょう。

パワー　邪気を振りはらい、新しい出会いへと導く

　オニキスは、出会いと別れをつかさどる役割を持つ石です。過

去から引きずっている忘れられない思いを断ち切り、新しい出会いを求める気持ちにさせてくれます。古くは争いや災いを呼ぶ石といわれたこともありましたが、現在では強力な魔除けや邪気ばらいの石とされています。また、「自己防衛の石」とも呼ばれ、他人の悪意を跳ね返し、身を守ってくれる効果もあります。他人から妬みや恨みを買ってしまったときに、害が及ばないよう保護してくれます。

落ちつきを与え、妄想や絶望から解き放つため、優柔不断な人や意志の弱い人は、悪い誘惑や悪意から身を守り、自分の意志を強く持てるようにサポートしてもらえます。また、赤色の「サードオニキス」は、恋愛のクリスタルとして男女間の恋を取り持つ効果があります。マイナス感情を払い、集中力を高めることから、仕事や勉強、スポーツに用いられることも多いようです。

使い方 新しい出会いやチャンスを求めるとき

周りの影響から身を守りたいとき、新しい出会いやチャンスがほしいときに。決別のときのお守りや、パートナーシップを高めたいときにも有効です。

[取り扱いの注意点]
傷つきにくい石ですが、頻繁に太陽光や流水で浄化を行うと変色する場合があります。

[相性のよい石]
ガーネット、ヘマタイト、ジェダイド、サーペンチン、ラピスラズリ

[浄化方法]
日光浴、流水、セージ

[対応する星座&チャクラ]
獅子座・乙女座・山羊座／第0チャクラ

Stone Message

何かが滞ってると感じたら、悪い習慣から自分を解放しましょう

Opal
オパール【蛋白石】
隠れた才能を引き出す、みずみずしい七色の輝き

- 色：無色、白色、黄色、橙色、赤色、ピンク色、黄緑色、緑色、青色、紫色、灰色、黒色
- 産地：オーストラリア、メキシコ、ブラジル、ホンジュラス、チェコ、アメリカ、インドネシア、ペルー、タンザニア、エチオピア
- 結晶系：非晶質
- 成分：$SiO_2 \cdot nH_2O$
- 硬度：5.5～6.5

《Keywords》
ポジティブにし、直感力を高める
隠れた才能や感性を引き出す

特徴　長い時間をかけてつくられるウェットな質感

　ほかに類をみない豊富な色と独特の輝きを持つ、10月の誕生石です。その変化に富んだ輝きは、「プレイオブカラー(遊色現象)」と呼ばれるもの。このプレイオブカラーのないものは「コモンオパール」と呼ばれ、青色やピンク色、黄色などの種類があります。オパールには大きく分けて、砂岩中にできる「サンドストーンオパール」と、火山溶岩にできる「マウンテンオパール」の2種類があり、石の色によってホワイト、ブラック、ウォーター、ファイアーの4つに分類されます。また、語源は「宝の石」を意味するサンスクリット語の「upala」といわれています。

パワー　感性を高め、才能を呼び起こしてくれる

　さまざまな表情を持つオパールは、持ち主にも変化を及ぼすといわれます。数あるパワーストーンのなかでも水分を含んだものはきわめて稀で、ネガティブな気持ちをぬぐい、希望達成のための積極的な行動力へと導きます。複雑に変化する色あいは、心を映し出す鏡にもたとえられ、隠れた才能を引き出します。自分のなかの芸術的な感性を刺激し、インスピレーションを高めてくれるでしょう。また、内面の美しさを引き出し、出会いをもたらしてくれる効果も。ただし、精神的に安定して集中力のあるときは感性を高めますが、情感がとても豊かなため、感情が高ぶっているときは使わないほうがいい場合もあります。肌の潤いを補給するヒーリング効果があるともいわれていますので、美肌対策にも役立てることができそうです。

使い方　自分の可能性を広げ、積極的になりたいときに

　生きていくためのヒントがほしいとき、自信が持てないとき、新しい可能性を見つけたいとき、感性を養いたいとき、新しい環境に慣れたいときに。肌や髪を健康にしたいときにも効果があります。

[取り扱いの注意点]
紫外線や強い光、乾燥に弱いので太陽光は避けて、湿度の高い状態で保存しましょう。
[相性のよい石]
サファイア、タンザナイト、モルダバイト、オレンジトパーズ
[浄化方法]
流水、クラスター、セージ
[対応する星座＆チャクラ]
蟹座・乙女座・蠍座・天秤座／第7・8チャクラ

— *Stone Message* —
自分自身が変わるとき、相手との新しい関係性が生まれます

—— Obsidian ——
オブシディアン【黒曜石】

未知なる力を引き出す、魔除けの石

- 色：黒色、灰色、黒地に赤褐色や褐色の流動模様、黒地に白色や褐色の斑紋状、褐緑色、緑色
- 産地：メキシコ、アメリカ(カリフォルニア州)、アイスランド、タイ、カナダ、ペルー、ニュージーランド、パプアニューギニア
- 結晶系：非晶質
- 成分：SiO_2+CaO、Na、K他
- 硬度：5

《Keywords》
積極性や集中力を高める
負の感情を断ち切って希望を見いだす

特徴　火山帯から産出される天然ガラス

　ブラッククオーツの代表的存在といわれるガラス質の石です。本来、地下でゆっくり冷えることで岩石となるはずのマグマが、地表に噴出して急激に冷やされることで固まって、ガラスの状態になったものです。オブシディアンは火山岩の一種で、結晶を持たない非晶質固体 (ガラス質) の鉱物です。黒地に白や灰色の雪のような結晶のあるものを「スノーフレークオブシディアン」、虹のような光彩のあるものを「レインボーオブシディアン」といいます。オブシディアンは世界中の火山帯から産出され、叩くと貝状に割れて鋭利な刃先となることから、古代では石器、矢尻、槍

先の材料として使われていました。イースター島のモアイ像の目にも使用されています。

パワー 本当の自分を教えてくれる頼もしい石

暗闇にとどまることなく、光を見いだして躍進できるようサポートしてくれる石です。その黒色には魔除けの効果があり、人間関係によるトラブルなど、現実的な問題に働きかけます。困難な問題を抱えたとき、逆境を乗り越えるための具体的な答えを導き、まっすぐ目標に向かうパワーと希望、積極性を与えてくれます。感情の動きが激しいとき、気分が散漫になったときには、エネルギーを安定・循環させ、バランスを整えてくれるでしょう。「陰と陽を映し出す鏡」の意味を持ち、この石を見つめることで自分のなかの弱さを映し、その奥にひそむ真の姿を引き出します。身体のエネルギー状態をプラスに変え、否定的な考えを取り去ってくれます。また自分だけでなく、相手の真の姿や本音を知ることを助けます。

使い方 自分のなかを見つめ、目標を見いだしたいとき

瞬発力、集中力、持続力を高めたいとき。感情をコントロールしたいとき、無気力なとき、目標に向かうパワーがほしいときにもおすすめです。

[取り扱いの注意点]
紫外線や水に強い、比較的傷つきにくい石です。
[相性のよい石]
ジャスパー
[浄化方法]
流水、日光浴、セージ
[対応する星座＆チャクラ]
双子座・獅子座・乙女座・蟹座／第0・1・5・6チャクラ

― *Stone Message* ―
自分のなかの弱さを見つめることで、真の可能性を確認できます

Column 3

結晶の形とエネルギー

クリスタルは、原子が規則正しく並んだ結晶からできています。結晶軸の本数、長さ、交わる角度の組み合わせによって6つのタイプに分類されます。それぞれに秘められたパワーを知って、より高度にクリスタルを活用しましょう。

等軸晶系
【特徴】
上下前後左右の3本の結晶軸の長さが等しく、3本の結晶軸がすべて直角に交わるものです。(例：ダイアモンド、ガーネット)
【エネルギー】
創造と独立のエネルギーを軸に、増殖していくエネルギー・転換と変革のエネルギー・強い意志と安定のエネルギーを持っています。

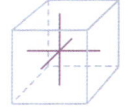

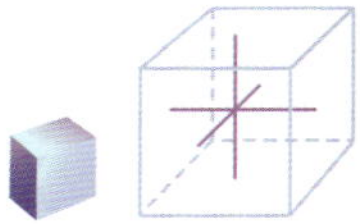

フローライト
(等軸晶系)

斜方晶系
【特徴】
上下前後左右の3本の結晶軸の長さがすべて異なりますが、3本の結晶軸のすべてが直角に交わるものです。(例：トパーズ、ペリドット)
【エネルギー】
増殖するエネルギーを持っています。

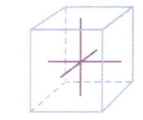

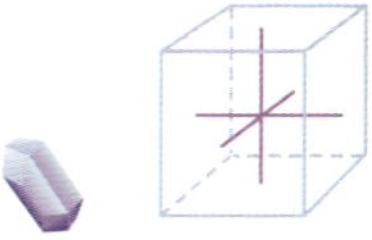

正方晶系
【特徴】
上下前後左右の3本の結晶軸のすべてが直角に交わり、うち2本の結晶軸の長さが等しいものです。
(例：アポフィライト)

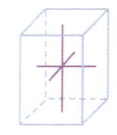

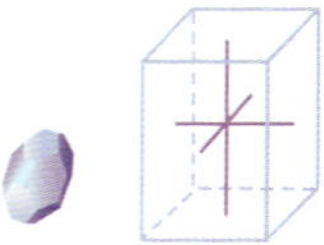

【エネルギー】
創造と独立のエネルギーを軸に、増殖していくエネルギー・転換と変革の
エネルギー・強い意志と安定のエネルギーを持っています。

単斜晶系
【特徴】
上下前後左右の3本の結晶軸の長さがすべて異な
り、うち2本の結晶軸だけが直角に交わり、1本が
斜めに交差するものです。(例：ムーンストーン)
【エネルギー】
創造と独立のエネルギーを軸に、増殖していくエ
ネルギー・転換と変革のエネルギー・強い意志と安
定のエネルギーを持っています。

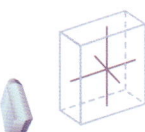

六方晶系(三方晶系)
【特徴】
4本の結晶軸のうち上下軸の長さだけが異なり、同
じ長さの3本の結晶軸が互いに120度の角度で交
わるものです。(例：クリアクオーツ、ルビー)
【エネルギー】
繁栄と成功のエネルギー、調和と拡張のエネル
ギーを持っています。

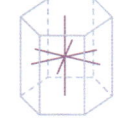

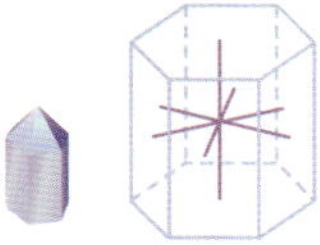

エメラルド
(六方晶系)

三斜晶系
【特徴】
上下前後左右の3本の結晶軸の長さがすべて異な
り、3本の結晶軸の交わる角度がすべて斜めに交
差するものです。(例：アマゾナイト)
【エネルギー】
繁栄と成功のエネルギーを持っています。

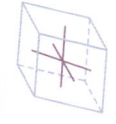

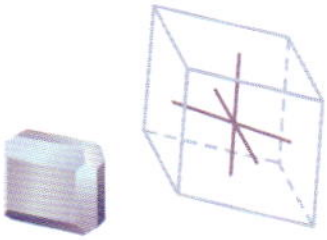

Garnet

ガーネット【柘榴石】

努力に共鳴し、成果を実らせる果実のような石

- 色：赤色、ピンク色、無色
- 産地：インド、ブラジル、オーストラリア、スリランカ、タンザニア、マダガスカル
- 結晶系：等軸晶系
- 成分：$Mg_3Al_2(SiO_4)_3$など
- 硬度：7〜7.5

《Keywords》
**努力の成果をもたらし成功へと導く
不安や恐怖を取り除く**

特徴　ガーネット＝情熱的な赤ではない!?

　1月の誕生石として知られる、赤い実のような石です。語源はラテン語の「granatum(柘榴)」で、和名・洋名ともに、柘榴の粒に似ていることから名付けられました。旧約聖書に出てくるノアの方舟では、行き先を照らした灯りがガーネットだったという伝説が残っています。

　ガーネットは14種類ある鉱物のグループの総称で、一般的に知られているのは深紅色の「アルマンディンガーネット」や血赤色の「パイロープガーネット」など。そのほかにオレンジや緑色を含む「グロッシュラーガーネット」などさまざまな色があります。産出が多いため、手頃な価格の宝石として親しまれていて、特に最近は緑色の種類が人気です。

パワー 精神力を強め、がんばる心と忍耐力をはぐくむ

　ガーネットはパワフルな力を持ち、パワーストーンとして愛用された歴史の最も古い石といわれています。古くは護符として身につけられ、身体にたまった邪気と心にたまった負の感情を清め、心身をすっきりとさせるために使用されました。その強力なエネルギーは、憎しみや嫉妬などのマイナスの感情を浄化し、ポジティブな力を与えてくれます。

　その洗浄力の強さから、疫病を遠ざける力があるとされ、古代ギリシャやローマでは、治療石として戦士たちが使っていたともいわれます。また、中世ヨーロッパでは、貞節と友愛の石として、友情の証に贈り合う風習がありました。人間関係をスムーズにし、愛する気持ちと慈しむ心を育てることから、恋の成就にも効果があるとされます。また忍耐力や英気を養い、コツコツ積み上げた努力を成功へと導きます。

使い方 果敢に立ち向かう勇気がほしいときに

　目標を達成したいとき、大切な人と変わらぬ愛を願うとき、持久力や忍耐力をつけたいときに。

[取り扱いの注意点]
石のパワーが強いと感じたら一時的に身につけることをやめるか、水晶などと組み合わせて使いましょう。
[相性のよい石]
セレスタイト、ロードナイト、ヘマタイト
[浄化方法]
日光浴、流水
[対応する星座＆チャクラ]
獅子座・乙女座・蟹座・射手座・山羊座／第6チャクラ

— *Stone Message* —
何かが不足しているという幻想を手放すとき、真の豊かさがやってきます

Carnelian / Cornelian
カーネリアン【紅玉随（べにぎょくずい）】

やる気を引き出し、未来を創造する励ましの石

- 色：赤色、橙色
- 産地：インド、ブラジル、インドネシア、ウルグアイ、アメリカ
- 結晶系：潜晶質石英
- 成分：SiO_2
- 硬度：7

《Keywords》
目標や望みの達成
好奇心やチャレンジ精神の向上

特徴 ナポレオンが愛した、勇気と勝利のお守り

　カーネリアンは網目模様のない瑪瑙（めのう）の一種で、赤色や橙色の石。カルセドニーと同じ成分で、結晶のなかに赤鉄鋼が入り酸化して単色の赤色になるものから、黄色、白、縞模様のある石などいろいろな種類があります。名前は、ラテン語の「carnis(肉)」や「carneolus(新鮮)」に由来しています。

　世界中のさまざまな地域で装飾品や印鑑として用いられていて、ナポレオンが常に持ち歩いていた八角形の印章がカーネリアンだったことは特に有名。エジプトのツタンカーメンの遺跡やメソポタミアの王の墓からもさまざまな装飾品が発見されています。

パワー　ポジティブにさせてくれる強い味方

　カーネリアンはとてもポピュラーなパワーストーンで、邪気から身を守り、勇気や力強さを与え、真実を見抜く石といわれています。古くは幸運のお守りとして、古代エジプト人や初期のキリスト教徒たちに崇められていました。

　邪悪な心や悲しみを取り除き、好奇心を刺激するので、臆病な気持ちを払って希望に向かう勇気を授けます。その真実を見抜く力で、いらだちや行き詰まりなどの原因をはっきりさせ、現実的に解決するパワーを引き出します。仕事を成功に導き、迷いを振り払う力があるので、新事業や転職を考えている人におすすめです。

　この石には鉄分が多く含まれ、血液や肌にも作用するとされています。血を浄化し、血行をよくして、身体に元気と活力を与えてくれます。さらに、友情を深め、幸福感や愛のエネルギーをはぐくむ効果もあり、恋愛にも効果的です。

使い方　勇気やチャレンジ精神を高めたいときに

　やる気や集中力がないとき、仕事に行き詰まったとき、アイデアを実現したいときに。仕事や学業で成果を上げたいときにもおすすめ。

[取り扱いの注意点]
頻繁に太陽光に当てたり、流水で洗ったりすると変色する場合があります。
[相性のよい石]
アマゾナイト、サンストーン、フローライト、オニキス
[浄化方法]
月光浴、クラスター、セージ
[対応する星座&チャクラ]
牡羊座・乙女座・山羊座／第1・2チャクラ

―― *Stone Message* ――
不安や恐れを手放し、心の声に従っていますぐに行動しましょう

Kyanite
カヤナイト【藍晶石】
らんしょうせき

地球を象徴するインスピレーションの石

- 色：青色、青緑色、白色
- 産地：ブラジル、ケニア、インド、アメリカ、ミャンマー、スイス、オーストラリア、イタリア、フランス、ネパール
- 結晶系：三斜晶系
- 成分：$Al_2O(SiO_4)$
- 硬度：4～7.5

《Keywords》
意志を明確にし、迷いを取り去る
古い思考パターンの回路を断ち切る

特徴　異なる硬さを持った、深く美しいブルー

　青色の結晶が幾層にも重なった、ブルーのストライプが美しい石です。ギリシャ語の「kyanos（青）」から名付けられ、群青色の結晶が幾層にも重なっていることから藍晶石という和名が付けられています。青色のほかに、白色に近いものや緑色などもあります。

　結晶の軸方向で硬度が異なるのが特徴で、軸に対して平行に衝撃を与えると傷がつきやすく、直角の場合は傷がつきません。そのため、別名で「ディスシーン（二硬石）」と呼ばれています。硬度に極端な差があるため、衝撃によって割れやすい性質があります。加工が難しいため美しくカットされたものは貴重。なかでも透明度が高い澄んだ青色の宝石は、希少価値が高く人気です。

パワー　意識を拡大させ、精神的強さをサポート

　心身のバランスを保ち、冷静な判断力と直感力を高め、意志を強くするパワーを与えてくれる石です。精神的な力を増幅させる効果があり、さまざまなことをクリアに見えるようにして、前へと踏み出す勇気をくれるでしょう。また、人生の岐路に立って決断が必要なときに、導き、勇気と自信を与えてくれ、ポジティブな気持ちにしてくれる効果もあります。

　古い思考パターンをリセットする効果にも優れ、過去のしがらみや固定観念にとらわれている感情を取り去り、心を浄化してくれます。心身のとらわれから解き放たれることで、依存心をぬぐうことにも役立ちます。腐れ縁が切れないときも、徐々に相手への執着がなくなり、自分が取るべき道を示してくれます。

使い方　精神的なパワーを増幅させたいときに

　進むべき方向をはっきりさせたいとき、挫折したとき、固定観念を払いたいとき、腐れ縁を切ることができないときに。表現力、創造力、洞察力、直感を高めたいときにもおすすめ。

[取り扱いの注意点]
先端がシャープなものは欠けやすいので注意してください。
[相性のよい石]
ターコイズ、パール
[浄化方法]
日光浴、流水、セージ
[対応する星座＆チャクラ]
牡牛座／第4・5・6チャクラ

Stone Message
あなたがいま直面している問題は、解決へと向かっています

Calcite
カルサイト【方解石】
ほうかいせき

豊富なカラーバリエーションで新たな可能性へと導く

- 色：無色、白色、灰色、黄色、橙色、ピンク色、緑色、青色、帯赤ピンク色
- 産地：アイスランド、メキシコ、アメリカ、スペイン
- 結晶系：六方晶系
- 成分：$CaCO_3$
- 硬度：3

《Keywords》
繁栄、成功、希望をもたらす
心身に元気を与えエネルギーを補給

特徴　カルシウムでできた、身近なパワーストーン

　カルシウムが主成分の、ガラス光沢を持った石です。純粋なカルサイトは無色透明ですが、鉄やマンガンなどの含有成分によって、ピンク色や黄色、緑色など多様な色の石になります。

　古代エジプトではこの石を建築石材や花瓶などに用いていたとされ、ツタンカーメン王の墓からもカルサイトでできた副葬品が発見されました。また、この石は大理石や石灰岩の成分でもあり、生活になじみのある非常にポピュラーな石のひとつ。特定の方向に割れやすい性質を持っているため、衝撃に弱く、きれいな面の形に割れる特徴があります。マッチ箱のような平行四辺形をしたカルサイトがよく流通しています。語源はラテン語の「calcit（石灰）」です。

パワー　カラーによって導くエネルギーはさまざま

繁栄、成功、希望、調和、安定のパワーを放つ石です。色によってエネルギーに違いがあるので、目的に合った色を選びましょう。

オレンジ色や黄色は身体に元気を与え、くすんだ心を明るくし、意欲を高めます。また、想像力を刺激し直感を高める効果もあります。緑色は、精神を安定させ、成功と繁栄をもたらします。青色は、冷静で柔軟な思考を高めるのに有効です。ピンク色は、慈愛に満ち、すべてを許す力を持っています。愛情に満ちたエネルギーを人に与えることで、自分も人から癒しを得ることができます。無色や白色はトラブルを避け、調和をもたらし人間関係を円満に。また、直感力や想像力、潜在能力を引き出し、自分を見つめ直すことを助けてくれます。茶色やゴールドは、表情や話し方をやわらげ、説得力のあるものにします。記憶力を高める効果もあります。

使い方　気分が沈んだりものごとを円滑にしたいときに

トラブルを避けたいとき、人間関係を円満にしたいとき、発想力を高めたいときに。

[取り扱いの注意点]
流水や太陽光により、変色や形が崩れることがあります。
[相性のよい石]
アベンチュリン、アクアマリン、チャロアイト、トルマリン、ローズクオーツ
[浄化方法]
月光浴、セージ
[対応する星座&チャクラ]
双子座・蟹座・獅子座・魚座／第2・4チャクラ

Stone Message

習慣を断ち切って、自分のなかの自発的な力に目を向けましょう

Chrysocolla
クリソコラ【珪孔雀石】
<small>けいくじゃくせき</small>

真の愛情に目覚めさせてくれるソロモンストーン

- 色：青色、青緑色
- 産地：アメリカ(アリゾナ州、ネバダ州)、メキシコ、チリ、ロシア、コンゴ、イスラエル、ペルー、イギリス、インドネシア、台湾
- 結晶系：斜方晶系
- 成分：$Cu_4H_4[(OH)_8 | Si_4O_{10}] \cdot nH_2O$
- 硬度：2〜4

《Keywords》
**女性性を呼び覚ます
美的感覚を刺激する**

特徴　宇宙から見た地球のような、目の覚める青緑

　青や緑が印象的な石です。見た目がトルコ石に似ていることから「緑のトルコ石」とも呼ばれています。語源は、ギリシャ語の「chryso(金)」と「kolla(膠)」。金をつなぐために利用された鉱物と混同されたことから名付けられました。とてももろい性質のため、多くは樹脂をしみ込ませて加工されています。

　純粋なものは真っ青な色をしていますが、ほかの鉱物が混じり、青地に緑色、黒色、茶色が入った不透明な色のものがほとんど。クリソコラにクオーツ（水晶）が融合した状態の半透明のものを「ジェムシリカ」といい、希少石として注目を集めています。ジェムシリカは日本であまり知られていませんが、ペルーとアメ

リカでのみ産出され、特にアメリカでは一流の宝石として、大変人気のある石です。

パワー　何ごとにも愛を持って対応するよう導く

　調和の波動を持ち、大地や地球との絆を感じさせる石です。心を刺激すると同時に乱れた感情をやわらげ、精神に繊細さをはぐくみ、女性性を目覚めさせてくれます。感情をおだやかにし、さまざまなことに愛情を持って対処することで、ものごとを満足いく結果へと導きます。

　感情表現が下手な人をサポートしてくれますので、それによって人間関係を円滑にして仕事の成功を呼び込んだり、恋の成就にもひと役買ってくれるでしょう。また、クリソコラはイマジネーションを引き出したり、美意識を高めたりする効果があり、洗練された想像力やアイデアをもたらしてくれる石でもあります。

使い方　恋にも仕事にも良縁を呼び込みたいときに

　恋愛運を高めたいとき、妊娠や出産、産後の回復、女性ホルモンのバランス調整に。自信をつけたいとき、落ち込んだとき、人間関係を円滑にしたいとき、成功したいときなどに。

[取り扱いの注意点]
原石は時間の経過とともに色が変化する場合があります。水に大変弱いので長時間水に浸けることは避けましょう。
[相性のよい石]
アンバー、ムーンストーン、クリアクオーツ
[浄化方法]
クラスター、月光浴、セージ
[対応する星座&チャクラ]
双子座・獅子座・乙女座／第1・4チャクラ

Stone Message

愛を持ってハートからコミュニケーションするとき、想いは伝わります

Chrysoprase
クリソプレーズ【緑玉髄／緑翠】
みどりぎょくずい／りょくすい

希望を感じさせる若葉色で、目標達成をバックアップ

- 色：淡緑色、緑色、帯青緑色、黄緑色
- 産地：オーストラリア、タンザニア、ブラジル、アメリカ(オレゴン州)
- 結晶系：六方晶系
- 成分：SiO_2
- 硬度：7

《Keywords》
隠れた才能を引き出し、
展望をもたらす
持続力、自信、勇気を与える

特徴 装飾品のほか、治療石として珍重された

　黄色みの強い緑色がさわやかな印象の石です。鉱物としてはアゲートやブルーカルセドニーと同じカルセドニーに分類されますが、黄緑色や薄緑色のものをクリソプレーズという名前で呼んでいます。

　クリソプレーズは、石の黄色みから金がイメージされ、金のなかから生まれた石と考えられていました。ギリシャ語の「chryso(金)」と、血液と胃腸の病気に効くとされる野菜の「prason(ニラ)」が語源となっています。色や見た目が翡翠に似ていることと、オーストラリアでよく採れることから「オーストラリアジェード」と呼ばれることもあります。ローマ時代やビクトリア時代には装飾品や、優れた治療石としても使用されていました。

パワー　アレクサンダー大王が愛した強運と勝利の象徴

　強運と勝利をもたらすとして、マケドニアのアレクサンダー大王が守護石として大切にしていたのがこのクレソプレーズでした。新緑のようなさわやかでやさしい見た目とは裏腹に、強いパワーがあり、持ち主の隠れた才能を引き出し、能力を開花させる力があるとされます。持つ人に、いま必要なものが何なのかを示し、自信と勇気を与えてくれるでしょう。

　仕事で行き詰まりやマンネリを感じているとき、新たな目標に気づかせてくれます。また、何かにチャレンジしようとしていま一歩前に進めないとき、乗り切るエネルギーを与え成功へと導いてくれるでしょう。また、緑は癒しの色。極度のイライラや緊張、孤独感をやわらげ、感情を安定させるパワーを持っています。さらに、体内の毒素を排除し肝臓の働きを高める効果があり、疲れにくい体質にしてくれます。

使い方　目標に向けてがんばる勇気と自信がほしいときに

　目標に向かってがんばりたいとき、勇気や自信がほしいとき、体内を活性化させたいときに。

[取り扱いの注意点]
強い熱に弱く、頻繁に太陽光に当てると変色する場合があります。
[相性のよい石]
タイガーアイ、チャロアイト、ムーンストーン
[浄化方法]
日光浴、流水、クラスター、セージ
[対応する星座&チャクラ]
双子座・蟹座・魚座／第4・5チャクラ

― Stone Message ―
やすらぎは心のエネルギーをパワーアップし、自信と勇気を与えます

Kunzite
クンツァイト【リチア輝石／黝輝石(きせき／ゆうきせき)】

与えることの大切さを教えてくれる可憐な石

- 色：無色、ピンク色
- 産地：ブラジル、アフガニスタン、マダガスカル、アメリカ、ミャンマー
- 結晶系：単斜晶系
- 成分：LiAl(Si_2O_6)
- 硬度：6.5〜7

《Keywords》
無条件の愛を生み出す
自然体の自己表現を導く

特徴　女性に大人気の清楚なライラック・ピンク

　ピンク色の可憐な石で、パワーストーンのなかでは比較的新しい石です。1902年にアメリカのカルフォルニアで最初に発見され、発見者である宝石学者のクンツ博士の名前が語源となっています。

　クンツァイトは「スポジュミン」(リチア輝石)と呼ばれる鉱物種に属する石です。リチウムを主成分としていて、リチウム資源や特殊ガラスに利用されています。スポジュミンは色によって名前が異なり、ピンク色から紫がかった色のものをクンツァイトと呼びます。また緑色のものは「ヒデナイト」、黄緑色のものは「トリフェーン」と呼ばれます。光や熱に敏感で色あせしやすく、割れやすい性質を持っています。

パワー　無償の愛と純粋な気持ちを呼び起こす

　クンツァイトは、ハートのエネルギーを活性化し、愛を与える喜びを実感させてくれる石です。石の周囲を愛と平和に満ちあふれた空間にし、繊細かつ雄大な気持ちになるよう導いてくれます。大きな愛を心に与えてもらうことで、まっすぐな心で相手と向き合い、愛情を持って接することができるようになります。

　また感情のバランスを安定させる力を持ち、失敗による後悔や未来に対する不安など、ネガティブな気分を取り去り、安定感を与えてくれます。成熟した大人の女性になりたいときや、深い愛情で人と接したいときに、この石を使うことで人間の完成度を高めることができるでしょう。他人の欠点や間違いをなかなか許すことができないときにもおすすめです。ささくれだった心を癒し、寛大な気持ちで人と接することを可能にしてくれます。

使い方　愛し愛される人間になりたいときに

　何をしても満たされないと感じたとき、仲直りをしたいとき、過去の恋愛の傷を癒したいとき、周囲につい批判的になってしまうときに。

[取り扱いの注意点]
紫外線や太陽光、衝撃を与えると割れやすいので注意してください。
[相性のよい石]
セレスタイト、チャロアイト、レピドライト、パール
[浄化方法]
月光浴、セージ、クラスター
[対応する星座&チャクラ]
牡羊座・牡牛座・獅子座・天秤座・蟹座・射手座／
第4・5・6・8チャクラ

― *Stone Message* ―
あなたがいま行おうとしていることに、喜びと感謝を注ぎましょう

Coral
コーラル【珊瑚】

精神的・肉体的に豊かさを与える海の宝石

- 色：ピンク色、赤色、朱色、白色
- 産地：地中海沿岸からアフリカ、東シナ海、台湾、ミッドウェー近海、ハワイ沖
- 結晶系：六方晶系（粒状体）
- 成分：$CaCO_3$＋その他の有機物
- 硬度：3.5～4

《Keywords》
生命力を高める
危険から身を守る

特徴　お守りとして珍重された、海からの贈りもの

　海から生まれたパールと同じく有機質の宝石で、3月の誕生石です。深海に住むイソギンチャクの仲間「珊瑚虫」の骨殻が、長い年月を経ることで珊瑚になります。宝石として使われる珊瑚は「八放珊瑚類」という種類で、色あいによって、アカサンゴ、シロサンゴ、モモイロサンゴ、ベニサンゴなどに分類されます。

　お守りや護符として珍重されてきたほか、宝飾品として紀元前から使われていました。また日本では、帯留めやかんざしなどで親しまれ、「サンゴ＝産後」の語呂あわせから、母から子へと贈るお守りとしても好まれています。

パワー　心身の健康を守り、幸せを呼び込む

珊瑚は海のエネルギーを吸収し、発散させる特異なパワーの石です。生命の源である海のパワーを秘めており、生命力を高め、肉体的、精神的なエネルギーを活発にしてくれます。

持つ人を災いから保護する守りの石でもあります。古くから海のお守りとして漁師や船乗りたちの守護石として用いられました。中世ヨーロッパでは、悪霊を撃退し、ものごとの始まりと終わりを守護する幸福の石と信じられていたようです。

赤い色あいのコーラルは、生命エネルギーを強めるものとして、ネイティブアメリカンたちにも好まれました。血のような赤い色から、血行を促進し、精力を回復させ心身を強化するパワーがあるとされます。また、出産、結婚の喜びや人生の豊かさを与えてくれるともいわれています。さらにピンク色の珊瑚は、精神や魂に働きかけ、潜在能力を高めます。白色の珊瑚は純粋さを意味し、幸せを呼び込んでくれます。

使い方　健康と幸せを願うお守りがほしいときに

海外旅行、マリンスポーツ、船旅をするときに。夢を実現させたいときや妊娠や出産、産後のお守りとして。

[取り扱いの注意点]
熱や酸によって変化しやすく、衝撃を与えると破損する恐れがあります。
[相性のよい石]
アンバー、シトリン、パール、マラカイト
[浄化方法]
クラスター、月光浴
[対応する星座&チャクラ]
牡牛座／第1・2チャクラ

—— *Stone Message* ——
心配をする代わりに、あなたの意図に焦点をあわせて行動しましょう

Column 4

研磨・カットの形別パワー

同じ種類のクリスタルでも、形によってパワーや働き方が変わります。選ぶときのポイントとして、人為的に研磨、カットされたクリスタルのそれぞれの意味を覚えましょう。

勾玉
牙、胎児、魚、太陽と月が重なり合った形など、形の由来には諸説があります。古くから魔除けとして活用され、魂を鎮めたり、やる気を与えたり、クリエイティブな能力を与えてくれたりします。

丸玉
無限に拡大するエネルギーを持ち、非常に安定した波動を放ちます。公平さを引き出し、やさしさを取り戻します。部屋に飾るとヒーリングパワーが充満し、癒しの効果が得られます。

卵型
知性、再生、復活を意味し、やさしいおだやかなパワーを放ちます。新しい自分になりたい、もう一度やり直したいときにパワーを与えてくれます。

六角柱
自然界で最も安定した形であり、持っているエネルギーを最大限に発揮できる理想の形です。あらゆる幸運を招き、潜在能力を引き出します。また、ヒーリングにも優れたパワーを発揮します。

十字架
次元（縦）と時間（横）が交差する宇宙の象徴。交差するポイントが、いまこの瞬間を表します。肉体と魂、陰と陽の調和をはかり、持つ人にパワーを与えながら、バランスを取ることを助けます。

ハート型
生命力と愛を表します。愛情を深め、やさしい気持ちにさせ、人間的な魅力を高めます。恋をしたいとき、恋の真実を知りたいときにパワーを発揮します。心の癒しにも効果があります。

五芒星
五角形の形をした星で、ペンタグラムともいわれます。強力な魔封じの結界を表す形で、お守りとして持つのに向いています。

六芒星
三角形と逆三角形を組み合わせた六角形の星で、ヘキサグラムともいわれます。あらゆる形のなかでも特に強いパワーを持っていて、どんな願いごとでも叶うといわれています。

ピラミッド型
宇宙と高次元への扉を開くエネルギーを持ち、潜在能力やテレパシー能力の開発に効果があります。集中力を高め、エネルギーを頂点の一点に集中させて室内に放出するパワーを持っています。

マカバスター
2つの正四面体を組み合わせた星型正八面体。上向きが男性エネルギー、下向きが女性エネルギーを象徴します。ヒーリング効果とバランス効果に優れたパワフルなシンボルで、精神的な成長や自己へのつながりを助けます。

Serpentine
サーペンチン【蛇紋石】

シャーマンの占術道具として使われた守り石

- 色：韭緑色、暗緑色、褐緑色、黄色、白色
- 産地：ニュージーランド、中国、アフガニスタン、パキスタン、南アフリカ、アメリカ(ニューメキシコ州、メリーランド州)、ギリシャ、イタリア、韓国、エジプト、インド、イギリス、オーストリア
- 結晶系：単斜晶系及び斜方晶系(肉眼的な大きさの結晶はない)
- 成分：$Mg_6[(OH)_8|Si_4O_{10}]$
- 硬度：2.5～3.5(結晶粒子の状態や集合の仕方により差がある)

《Keywords》
肉体・精神・魂を統合する集中力と洞察力を高める

特徴　なめらかな手触りのヘビの化身

　半透明から不透明で、黄色から緑色の翡翠に似た石です。塊状の結晶が共生した集合体の鉱物で、硬度が低く加工しやすい特徴を持ちます。研磨すると独特の模様が現れ、古代から護符などに加工されてきました。名前は、集合した結晶の状態がヘビの皮の模様に似ているためか、ラテン語の「serpentinus(ヘビのような)」に由来しています。サーペンチンは、正確にはひとつの石の名前ではなく、この鉱物のグループ名です。アンチゴライト、クリソタイル、リザーダイトなどの変種があり、なかでも「ボーウェナイト」は外見から翡翠の代用品(ニュー・ジェイド)とも呼ばれることもあり人気の石ですが、翡翠ではありません。

パワー　邪気をはらい、危険から身を守る

　古くからヘビやクモ、サソリといった毒を持つ生きものから身を守るパワーがあると信じられてきました。そのため危険から身を守る「旅人の石」といわれ、旅に出るときに身につけられてきました。また、古代ローマ人は見えざる危険から身を守るために、夜間のお守りにしていたといわれています。死者の旅路を守るともいわれ、古代の古墳からは遺体とともに埋葬された守り石が多く発見されました。

　波動を地球に接続させる意図を持った石で、集中力や洞察力を高めてくれ、瞑想やヒーリングにも最適とされています。大地とつながることにより、生命エネルギーを活性化させ、肉体・精神・魂を統合する手助けをします。霊的進化をうながし、精神を安定させて心をおだやかにします。

使い方　高ぶる気持ちを静め、安定したいときに

　不安や恐れから十分に休息が取れないとき。さまざまな考えが渦巻いて、頭のなかが混乱してしまったとき。集中力、洞察力、落ちつき、おだやかな心、人を思いやる気持ちを高めたいときに。また、さまざまな災いから身を守る、厄よけの石としても有用です。

[取り扱いの注意点]
衝撃に弱いので持ち歩く際には注意が必要です。
[相性のよい石]
オニキス
[浄化方法]
月光浴、セージ、クラスター
[対応する星座&チャクラ]
双子座／第7チャクラ

― *Stone Message* ―
あなたの想いと意図を統合するとき、ひとつの奇跡が生まれます

Sapphire
サファイア【青玉(せいぎょく)／鋼玉(こうぎょく)】

知恵・愛・美をもたらす聖なる石

- 色：青色、青紫色
- 産地：ミャンマー、スリランカ、タイ、カンボジア、インド、オーストラリア、アメリカ、アフリカ諸国(タンザニア、ケニア、マダガスカルほか)、ロシア、中国、アフガニスタン
- 結晶系：六方晶系(三方晶系)
- 成分：Al_2O_3
- 硬度：9

《Keywords》
頭脳を明晰にする
美的感覚を高める

特徴　世界で2番目に硬くルビーと同じ性質を持つ

　9月の誕生石として有名な、青色の代名詞のような石です。サファイアは、ルビーと同じ「コランダム(鋼玉)」という種類の鉱物で、色の違いによって区別されています。赤いコランダムをルビー、赤色以外のコランダムをサファイアと呼びます。

　サファイアといえば、その青色が有名ですが、ほかにも緑色、黄色などさまざまな色あいのものがあります。不純物として含有される成分の影響で色の違いが現れるため、完全無色の天然サファイアはきわめて稀です。青色のなかで最上級の石はカシミール産に多い「コーンフラワーブルー(矢車草の花の青)」、その次がミャンマー産の「ロイヤル・ブルー」。橙色を帯びたピンク色の

石は「パパラチャ」と呼ばれます。

　また、ダイアモンドに次ぐ硬さから、かつてはほかの宝石を磨く砥石としても使われ、現在でも、不純物が多いものは研磨剤や道路の滑り止めとして使用されています。

パワー　清らかな精神で、知性と理性を高める

　サファイアの深い青色からは、強い鎮静効果が感じられます。魂や感情の混乱を鎮めて不必要な妄想を取り除き、真実を見抜く直感と洞察力をもたらします。その結果、知性や理性をも高めてくれます。またその鎮静作用から、すぐに感情的になったり、混乱してしまう人などが持つのにもよい石です。

　知性と冷静な判断力をもたらすため、頭脳を明晰にしてくれるので、大きなチャンスや運命的な出会いを確実につかむことができます。古くは解毒作用、止血、眼病を癒すとして、医療にも使われていました。

使い方　聡明さや優雅さを高めたいときに

　インスピレーションを高めたいとき、外見と内面の両方から美しくなりたいときに。旅行のときや、邪気や病魔封じなどのお守りとして。

[取り扱いの注意点]
水や太陽光、邪気に強い石なので、頻繁に浄化する必要はありません。
[相性のよい石]
アクアマリン、アメジスト、オレンジトパーズ、ラブラドライト
[浄化方法]
クラスター、セージ
[対応する星座＆チャクラ]
牡牛座・双子座・乙女座・天秤座／第4・6・7チャクラ

― *Stone Message* ―
あなたが正しいと思うことを行動に移してください。道はひらけます

Sunstone

サンストーン【日長石】
にっちょうせき

成功と勝利へ導く、太陽の石

- 色：黄色、橙色、赤色
- 産地：インド、ノルウェー、カナダ、アメリカ各州、ロシア
- 結晶系：三斜晶系
- 成分：$(Na\,[AlSi_3O_8])_{90\sim70}$ ＋ $(Ca\,[Al_2Si_2O_8])_{10\sim30}$
- 硬度：6～6.5

《Keywords》
自信や積極性を高める
勝利と成功へ導く

特徴　オレンジ色にキラキラ輝くあたたかな光

　石のなかにパールやラメが入ったような、独特のキラキラした輝きを放つパワフルな石です。ムーンストーンの静かな光と対照的で、そのため「サンストーン」と名付けられました。赤色やオレンジ色のほか、黄色や褐色などがあります。

　そのキラキラとした光の正体は、サンストーンのなかに内包されている鉄や銅の成分です。ルーペで見ると、石のなかの層に自然銅などの粒がたくさんはりついている様子が見えます。同じ種類の鉱物グループには、ムーンストーンのほかにアマゾナイトやラブラドライトなどがあります。

パワー 自信を高めポジティブな姿勢を取り戻す

　サンストーンはその名のとおり、光をイメージさせる石で、喜びやポジティブなパワーを象徴します。古代ギリシャでは太陽神の石として崇められました。石の強い輝きが邪気をはらい、迷いを取り除きものごとをよい方向に進めてくれると信じられ、お守りとして使われていました。またサンストーンは、太陽のような強力なエネルギーで、肉体や意志に対して能動的に働きかける行動の石。自信と積極性を高め、持ち主の隠れた能力や才能を引き出し、行動力を授けて勝利と成功へと導きます。意志を持続させたり、前に一歩踏み出すことをサポートしてくれたりと、目標達成までの力強い後押しをしてくれるでしょう。その前向きでパワフルなエネルギーは、気弱な人や、自己否定をしがちな人にも自信を与え、励ましてくれます。太陽＝生命力の象徴として表されるように、生きる力や喜びを与えてくれるので、何ごとにも楽しく前向きに取り組むパワーを与えてくれるでしょう。

使い方 ライバルを封じ「勝ち組」になりたいときに

　自信をつけたいとき、試験や商談時、新しいことに挑戦するとき、創造力・発想力・表現力を養いたいとき、自己実現をしたいときに。

[取り扱いの注意点]
割れやすい性質ですが、紫外線には強い石です。
[相性のよい石]
カーネリアン、ムーンストーン
[浄化方法]
日光浴、流水、セージ
[対応する星座&チャクラ]
天秤座・魚座／第2・3チャクラ

— *Stone Message* —
考え続けるのをやめて、まず一歩を踏み出しましょう

Jadeite
ジェダイド【翡翠輝石】
<small>ひすいきせき</small>

「奇跡の石」として崇められた東洋を代表する石

- 色：無色、白色、緑色、黒緑色、黄緑色、黄色、褐色、赤色、橙色、紫色、ピンク色、灰色
- 産地：ミャンマー、ロシア、アメリカ（カリフォルニア州）
- 結晶系：単斜晶系
- 成分：$NaAl[Si_2O_6]$
- 硬度：6.5〜7

《Keywords》
人徳を授ける
心を安定させる

特徴　産出量がきわめて少ない希少な翡翠の仲間

　日本や中国でなじみ深い、東洋の代表的な石です。日本では古くから装飾品として使われていて、縄文時代の遺跡からはジェダイドの勾玉が発見されています。「ジェイド（翡翠）」とはジェダイドとネフライトの2つの鉱物の総称です。150年ほど前からこの2つを鉱物的に区別するようになりましたが、それ以前は同じものと考えられていました。

　ジェダイドは本翡翠とも呼ばれ、通称で「硬玉」ともいいますが、ネフライトよりも硬いという意味で名付けられています。和名の「翡翠輝石」は、豊富な色の原石が水鳥のカワセミ（翡翠）のイメージに似ていたことから名付けられています。

ダイアモンドよりも強いといわれるほどの強靱さは、緻密な繊維質の結晶によるものです。きわめて産出が少なく、クロムや鉄により緑色となり、美しい黄色や赤色もあります。「ラベンダー・ジェダイド」は赤みのある紫色をしています。

パワー　五徳を与え、人生の成功と繁栄をもたらす

　中国では「仁・義・礼・智・信」の5つの徳を備えた石として、徳を与え、敬意をもたらし、支配力を授けると考えられていました。アメリカやスペインでは「奇跡の石」と呼ばれ、護符として珍重されていました。慈悲の精神をはぐくむことで心に豊かさをもたらし、人生の成功と繁栄をもたらします。さらに、感情的なバランスを取ることで、持つ人に天の叡智を与え、意識を高め、人徳を授けてくれます。冷静さや忍耐力も養い、多くの人から敬意や支持を得ることができるでしょう。また、落ちつきを養い、精神力を強めることで、誘惑や嘘、偽りに勝つ強さを与えます。悪事や不運、周囲のネガティブなエネルギーからも保護してくれます。

使い方　正確な判断を得たいときに

　ビジネスや夢を達成させたいとき、新事業をはじめるとき、トラブルを回避したいときに。

[取り扱いの注意点]
水、紫外線に強い石です。
[相性のよい石]
セレスタイト、スギライト、クリアクオーツ
[浄化方法]
日光浴、クラスター、セージ
[対応する星座&チャクラ]
牡羊座・双子座／色によって異なる

―― *Stone Message* ――
あなたはすでに何をすべきか知っています。信じて進みましょう

Citrine
シトリン【黄水晶】
きすいしょう

心身をじんわりやわらげる、やわらかい光のパワー

- 色：黄色、帯緑黄色、帯褐黄色
- 産地：ブラジル、インド、チリ、ジンバブエ
- 結晶系：六方晶系(三方晶系)
- 成分：SiO_2
- 硬度：7

《Keywords》
人間関係の悩みを解決する
富、商売繁盛をもたらす

特徴　淡くやさしい色の希少な天然黄水晶

　11月の誕生石として知られる、黄色みを帯びたクオーツ（水晶）です。クオーツのなかに鉄イオンが入ることにより黄色に変色しています。色あいはごく淡い黄色から、濃いめの褐色のものなどもあり、その多くがブラジルで産出されます。

　天然のシトリンは産出量が少ないため、一般的に流通しているものは、アメジストを加熱したものや、無色の水晶に放射線処理をして黄色く人工加工したものがほとんどです。名前は柑橘類の「シトロン（クエン樹）」の果実の色に似ていることから付けられました。

パワー　あたたかく心地よい光のエネルギー

　明るく透明感のある輝きを持つ、太陽のような力強いパワーと活力を伝える石です。そのパワフルなエネルギーは、生命力を高め、希望、勇気、自信、積極性をはぐくみます。浄化と再生をうながす作用があるとされ、優れた治療石としても古くから活用されてきました。明るくぬくもりに満ちた光のエネルギーは、じわじわと心身に染み込んでいくような作用を持っています。細胞をゆるめることで、身体も心も解きほぐしてくれます。

　シトリンの大らかで快活なパワーは、さまざまな緊張を解きほぐし、人との調和を生み出してくれます。その優れた調和力は人間関係の改善に役立ち、ストレスや悩みを解消します。また黄色い色は金運に結びつけられ、シトリンは古くから金運・財運を呼ぶ石、繁栄と富貴をもたらす幸運の石として大切にされてきました。特に商売をしている人におすすめです。

使い方　ストレスや緊張を解きほぐしたいときに

　職場や家庭、恋愛、対人関係によるストレスを緩和したいときに。商売運、事業運、金運、貯蓄運を高めたいときにもおすすめです。

[取り扱いの注意点]
長時間太陽光に当てると退色します。傷つきにくいですが、ポイントは先端が欠けやすいので注意しましょう。
[相性のよい石]
クリアクオーツ、ラピスラズリ、ターコイズ
[浄化方法]
月光浴、セージ
[対応する星座＆チャクラ]
双子座・獅子座・乙女座／第1・2・3・7チャクラ

— Stone Message —
あなたの望んだことは現実になります。自分の望みを明確にしましょう

—— Shamanite ——
シャーマナイト

ネイティブアメリカンに語り継がれる太古の宝

- 色：黒色、茶色、灰色
- 産地：アメリカ(コロラド州)
- 結晶系：六方晶系
- 成分：$CaCO_3$
- 硬度：3.5～4

《Keywords》
優れた浄化作用
精神的パワーの向上

特徴　近年、再発見されたニュークリスタル

　なめらかで乾いた感じのする、鈍い輝きの黒みがかった石です。鉱物名は「ブラック・カルサイト」。ネイティブアメリカンたちの間で、古くからお守りや工芸品、装飾品などとして用いられてきたと伝えられます。その伝説の石が2005年にアメリカ・コロラド州の私有の自然保護地区で再び発見され、大きな話題を呼びました。シャーマナイトは現在、全世界のなかでもアメリカの特定地域でしか産出されず非常にレアな石とされています。

　色は黒から青みがかった灰色、モカ、灰色などがあります。石の成分分析から、先カンブリア時代 (5億4300万年前) 以前の微小な生物の化石が含まれていることがわかりました。この古代の含有物が、特徴的な模様となって現れ、シャーマナイト独特の風

あいを生み出しています。

パワー　太古のポジティブな波動を発する魔除けの石

とても高い波動のパワフルなスピリチュアルストーンとして、近年クリスタルヒーラーやセラピストから注目を集めている石です。

持ち主を保護膜のようなエネルギーで包む、触るとどこかあたたかな感じがする太古のやさしいポジティブな波動を放っています。その強力な保護作用は、あらゆるネガティブなエネルギーを吸収し、持ち主を他人の嫉妬や怒りから守ってくれます。さらに、精神的な傷を癒して、過去の問題や悲しみから解き放つパワーを持つとも考えられています。古代の石がもたらすその波動は、過去から現在、現在から未来へと意識をつなぎ、生命の循環、自然の循環を感じさせ、本当に大切なものは何かを気づかせてくれているかのようです。

使い方　不安やネガティブな気持ちをぬぐいたいときに

過去のトラウマや過ちから救われたいとき、環境の変化による不安を取り除きたいとき、過去世の記憶を思い出したいときに。

```
[取り扱いの注意点]
やわらかい性質なので、金属や硬い
ものによる傷に注意しましょう。
[相性のよい石]
クリアクォーツ、ムーンストーン
[浄化方法]
クラスター、セージ
[対応する星座&チャクラ]
第1チャクラ
```

Stone Message

目を閉じて心に焦点をあわせてみてください。問題も答えもそこにあります

Jasper
ジャスパー【碧玉】

大きな守護力で希望と励ましを与えてくれる

- 色：緑色、濃灰緑色、くすんだ濃緑色(韮緑色)、黄緑色、赤色、褐色、橙色、黄色、白色
- 産地：インド、インドネシア、ブラジル、中国、アメリカ、ロシア、オーストラリア、ベネズエラ
- 結晶系：六方晶系(潜晶質)
- 成分：SiO_2
- 硬度：7

《Keywords》
肉体と精神を支える
根底のエネルギーの活性化

特徴　多くの名前を持つ、自然界の芸術作品

　色、模様など多彩な種類が見られる不透明の石です。ジャスパーは、さまざまな不純物を含んだ不透明なクオーツ(石英)の総称で、含まれる不純物の違いによって赤・緑・黄・黒・褐色など色や模様も変化します。一般的にジャスパーというと緑色や褐色を連想しがちですが、実際にはかなり多くの種類があり、複雑にそれらが混じりあって芸術的な美しさを持つため、しばしば観賞用にも利用されてきました。その代表的な石として、赤い「レッドジャスパー」や濃い緑色に赤い斑点のついた「ブラッドストーン」があります。

　聖書にもたびたび登場し、日本をはじめ世界中で古くからさま

ざまな宝飾品や日用品に加工され、薬としても使用されてきました。

パワー　活力をもたらす強靭なパワー

感情をコントロールする力を持ち、客観的な判断力と行動力を高め、人生を本来の目的へと導いてくれます。生きるための本能を強化し、活力と冷静さをもたらすでしょう。

色別の効果としては、青色を含んだものは現在と未来へのつながりを感じ取る力を与えます。黄色を含んだものは持ち主を保護し豊かさを与えます。赤色を含んだものは、新陳代謝を高め血行をよくして強い精神力をもたらす効果があります。緑色を含んだものは平安をもたらすといわれます。

古くから人類に親しまれてきた石で、太陽崇拝のインカ帝国では、生命の源の石としてレッドジャスパーが太陽の祭りに使用され、守護力を増加させたといわれます。婦人病をコントロールする力があるとして、バビロニア人の出産のシンボル的存在でもありました。

使い方　マイナスな感情を洗い流したいときに

ネガティブな感情や状態から脱したいとき、偏った考え方をしてしまうときに。病気がちな人にもおすすめです。

[取り扱いの注意点]
水、紫外線、傷に強い石です。
[相性のよい石]
オブシディアン、ラピスラズリ、マラカイト、ブラックトルマリン
[浄化方法]
流水、日光浴
[対応する星座＆チャクラ]
牡羊座／第0・1・2・3チャクラ

― Stone Message ―
自分と人の多様性を認めましょう。あなたには多彩な才能があります

Zircon
ジルコン【風信子石(ひやしんすせき)】

苦痛を取り去り、静かで平和な心をもたらす

- 色：無色透明、褐色、黄色、橙色、赤色、赤褐色、黄緑色、緑色、褐緑色、褐黒色(白色、無色、青色のほとんどは加熱加工石)
- 産地：タイ、スリランカ、ミャンマー、ベトナム、オーストラリア、タンザニア、マダガスカル、アフガニスタン、アメリカ、ロシア、フランス、ブラジル、カナダ、ドイツ、ノルウェー、中国
- 結晶系：正方晶系
- 成分：$ZrSiO_4$
- 硬度：6.5〜7.5

《Keywords》
精神的・肉体的な苦痛をやわらげる
幸福感や癒しを与える

特徴　ダイアモンドのイミテーションとして有名

　磨くとダイアモンドのように強く輝きを放つ透明感のある石で、12月の誕生石として知られています。ジルコンは純度が低く、なかに含まれる不純物によって色が変化します。無色透明のものがよく知られていますが、ほかにも黄色、オレンジ、青、赤、褐色、緑などさまざまな色があり、アクセサリーなどで人気です。

　火成岩中に小さな結晶として出現し、成分にウラニウムを含んでいるため、岩石の年代測定にも使われます。名前はペルシア語の「zargun(金色)」などに由来。古代ギリシャでは、輝きの強さ

からギリシャ神話の太陽神アポロンを連想し、アポロンに愛された美少年にちなみ「ヒュアキントス」と呼ばれていました。

パワー 癒しの力でおだやかな気持ちが芽生える

ジルコンは、ヒーリング効果が高く、心のバランスを取ってくれる石です。別名「平和の石」と呼ばれるとおり、精神を癒し、苦しみから救い静かで平和な方向へと導きます。落胆や孤独感を取り除き、コミュニケーション能力を高めてくれるでしょう。

またこの石は、自分のなかにある美しさややわらかさに気づかせてくれるパワーを持っています。自分に自信がないとき、この石が自分のなかの魅力を引き出してくれるでしょう。さらに、体内の毒素を排除する力があり、病気の治療や出産時の苦痛をやわらげる効果があるとされています。なかでもレッド・ジルコンは妊娠や出産のお守りとして使われていました。旅人の安全を守る石としても親しまれています。

使い方 健康的な心身をつくりたいときに

心に傷を負ったとき、気分が沈みがちなとき、不眠気味のときに。出産や妊娠、旅行のお守りとしてもおすすめです。

[取り扱いの注意点]
比較的扱いやすい石ですが、一方向に割れるへき開性のため、縦に割れやすい性質と酸に弱い点に注意しましょう。
[相性のよい石]
ペリドット、淡水パール
[浄化方法]
月光浴、セージ、クラスター
[対応する星座&チャクラ]
山羊座／色によって異なる

―― Stone Message ――
あなたの夢や希望が、心からの願いかどうか見極めてください

Zincite
ジンカイト【紅亜鉛鉱】

情熱を呼び起こす復活のクリスタル

- 色：濃黄色、緑色、黄橙色、橙色、橙赤色、赤色、暗赤色
- 産地：アメリカ(ニュージャージー州)
- 結晶系：六方晶系
- 成分：ZnO
- 硬度：4〜5

《Keywords》
**強い保護力を生み出す
前向きな気持ちを与える**

特徴　「神のいたずら」により生まれ変わった石

　キラキラとしたクリアな輝きと飴のような光沢を持った石です。酸化亜鉛でできた鉱物で、主な成分である「zinc(亜鉛)」が名前の由来です。

　ジンカイトは、天然でも産出しますが、透明感に欠ける場合が多く、結晶化することは稀です。市場には、人工のものも多く出回っています。結晶の軸に沿ってきれいに割れる、へき開性という性質を持っていて、美しい貝殻状の断面が特徴です。屈折率が高いため、キラキラとまぶしいきらめきを放ち、宝石のような華やかさ美しさやを楽しめます。もともとは無色ですが、含まれる成分の割合によって、濃い黄色から、橙色、赤色、濃紅色など色みが変わります。

パワー　創造と復活を象徴し、希望や喜びを与える

　ジンカイトは、創造性、個性、復活を象徴するパワフルな石です。精神と肉体のバランスを取り、双方の機能とパワーを高めることにより、より高い次元に意識を導くことができるといわれています。また、物理的なエネルギーや持ち主の可能性を豊かな創造性へと統合。クリエイティブな活動をする人におすすめです。

　まばゆいきらめきと鮮やかなオレンジイエローの色合いから放たれるパワフルな波動は、希望や喜びへと導いてくれます。前向きな姿勢や勇気を掘り起こし、持ち主の心の奥底に眠っている熱い感情を呼び覚ましてくれます。

　またそのパワフルなエネルギーは、細胞を活性化させて、新陳代謝を高める効果があるといわれています。血液の流れをよくし、冷えやこりをやわらかくほぐしたり、バランスを整えてくれますので、健康回復にも役立つでしょう。

使い方　円滑な人間関係を築きたいときに

　前向きな気持ちになりたいとき、新しい環境になかなか馴染めないとき、緊張しているときにおすすめです。

[取り扱いの注意点]
傷つきやすく、衝撃により割れることがありますので注意が必要です。
[相性のよい石]
クリアクオーツ、バイライト
[浄化方法]
月光浴、クラスター、音
[対応する星座&チャクラ]
牡牛座・天秤座／第2・3チャクラ

Stone Message
あなたが最も大切だと思うことに、輝く愛の光を注いでください

Sugilite
スギライト【杉石(すぎいし)】

東洋を代表する最強ヒーリングストーン

- 色：赤紫色、ピンク色、淡黄褐色
- 産地：南アフリカ、イタリア、オーストラリア、日本
- 結晶系：六方晶系（粒状集合体）
- 成分：$KNa_2(Fe^{2+},Mn^{2+},Al)_2Li_3Si_{12}O_{30}$
- 硬度：5.5〜6.5

《Keywords》
自然治癒力を高める
叡智を引き出し、徳をはぐくむ

特徴　日本人の名前を持った20世紀の石

　白や濃い紫のマーブル模様のある、不透明な美しい石です。瀬戸内海の岩城島から発見され、1976年に新鉱物として認められました。スギライトの紫色は、石に含まれるマンガンによるもの。薄いラベンダー色からぶどうのような濃い紫色が一般的ですが、赤紫やピンク色、うぐいす色のものも稀に産出されます。

　発見当初、産地は日本のみでしたが、その後、南アフリカでも大きな塊が発見され、現在流通しているのは南アフリカ産がほとんどです。発見者の岩石学者・杉博士にちなみ「杉石」と呼ばれるようになりました。発表後まもなくアメリカで人気に火がつき、現在では3大ヒーリングストーンのひとつとして、人気を不動のものとしています。

パワー　神霊の色「紫」にふさわしい優れた癒しパワー

　霊的向上、ヒーリングパワー、霊的汚染からの保護などの力に優れているとして、20世紀に発見された石のなかでも格別のヒーリングパワーを持つといわれています。

　特にストレス解放に高い効果があるとされ、心の傷を癒す強力なエネルギーがあります。さらに細胞を活性化し、自然治癒力を引き出してくれます。このように心身が癒されることで、単調な日常に新たな感動や発見が生まれ、新鮮で活力に満ちた日々を取り戻すことができるようになるでしょう。

　スギライトはまた、永遠の愛をそなえた石ともいわれています。人徳を集め、無条件の愛情を養うことで、悪霊や邪悪なものから身を守ってくれます。さらに、心のなかに眠っている叡智を引き出し、創造力やインスピレーションを強化してくれるでしょう。

使い方　心身が弱っていると感じたときに

　心身ともにリフレッシュしたいとき、心の傷がなかなか癒えないとき、ストレスを解消したいとき、芸術性や創造性を高めたいときに。

[取り扱いの注意点]
水、太陽光に比較的強いですが、長時間太陽光に当てることは避けましょう。
[相性のよい石]
フローライト、モルダバイト、ブルーレースアゲート、チャロアイト
[浄化方法]
流水、月光浴、クラスター、セージ
[対応する星座＆チャクラ]
乙女座・射手座／第6・7チャクラ

―― *Stone Message* ――
あなたのハートのなかに、夢を受け入れるためのスペースを空けましょう

Spinel
スピネル【尖晶石】
好奇心と元気を与える情熱的な石

- 色：赤色、ピンク色、赤紫色、黄色、青色、褐緑色、紫色、橙色、褐色、無色
- 産地：スリランカ、ミャンマー、アフガニスタン、イタリア、タンザニア
- 結晶系：等軸晶系
- 成分：$MgAl_2O_4$
- 硬度：7.5〜8

《Keywords》
潜在能力を引き出す
思考をクリアにする

特徴 古くはルビーやサファイアとして使用

　高級な宝石のような、透明度の高い美しい石です。結晶の先端が鋭くとがっているため、ラテン語の「spina（刺）」から名付けられたといわれています。赤色、ピンク色、オレンジ色、青色、紫色などさまざまな色あいがありますが、ミャンマー産の「レッドスピネル」は特に美しい色あいで、高価なものとされています。また、美しいブルーのものは、「コバルトスピネル」と呼ばれ、こちらもとても希少価値の高い石です。

　見た目がルビーやサファイアとよく似ていて、それらと同じ場所から産出されるため、長い間、混同されていました。歴史上、ルビーとされていた赤い石がスピネルだったという話も珍しくありません。英国王室の王冠「インペリアル・ステート・クラウン」

の中央で輝く「黒太子のルビー」も実は大粒のレッド・スピネルでした。

パワー 努力と発展を説き、意欲をかき立てる

スピネルはその名のとおり、刺し貫く、はつらつとしたパワーと固い意志を秘めた石です。どんなに困難な状況であっても、持ち主が意志を維持し貫くように、パワーを与え続けてくれるでしょう。また停滞したエネルギーの流れを活気づけ、さまざまな面で新しいエネルギーを生み出します。

またスピネルは、癒し効果の高い石でもあります。古くから風邪や病の治療、肝臓の強壮、免疫力を高めるために効果があるとして使われてきました。身体の細胞を活性化して免疫力や自然治癒力を高めてくれます。色によっても違った効果を持ち、赤やオレンジ色は好奇心を強くし、愛を貫く意志を、黄色は知性、緑色は愛と思いやりにあふれる気持ちをはぐくむといわれています。

使い方 力強く自分らしさを発揮したいときに

新しいことにチャレンジしたいとき、自己主張したいとき、目標に向かって前進したいときに。免疫力の向上にも効果があるといわれています。

[取り扱いの注意点]
基本的に丈夫な石なので特に注意点はありません。
[相性のよい石]
クリアクオーツ、アクアマリン
[浄化方法]
セージ、クラスター
[対応する星座&チャクラ]
牡羊座・牡牛座・双子座・蟹座・天秤座・射手座／第1・3・4・5・6チャクラ

― Stone Message ―
希望と意志を持ち続けるとき、それはやがて現実化されるでしょう

Smithsonite
スミソナイト【菱亜鉛鉱】
<small>りょう あ えんこう</small>

好感・信頼・良識を象徴する古代ギリシャの王の石

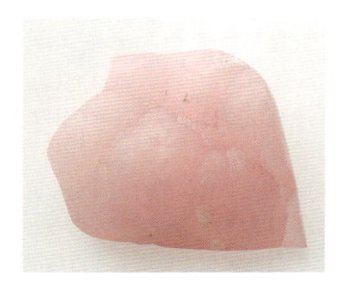

- 色：無色、白色、ピンク色、青緑色、淡青色、黄色
- 産地：ギリシャ、メキシコ、オーストラリア、ナミビア、スペイン、イギリス、フランス、アメリカ、イタリア
- 結晶系：六方晶系(三方晶系)
- 成分：$ZnCO_3$
- 硬度：4～4.5

《Keywords》
過去のトラウマを癒す
自己信頼を与える

特徴　ぶどう状の結晶をしたカルサイトの仲間

　ガラスのような光沢とぶどう状の形を持つ石です。カルサイトの仲間で、スミソニアン研究所の創立者であるJ・Smithsonにちなんで名付けられました。和名は結晶が菱形であることに由来していますが菱形の結晶は稀で、ぶどう状や鍾乳状などでよく産出します。古くは、ギリシャ語で「カドモスの土」の意味を持つ「カドメイア」と呼ばれ、古代ギリシャの王が愛した石といわれていました。もともとの色は無色か白ですが、含まれる成分によりピンク、緑、黄色、青、灰色、褐色、紫などの色に変わります。なかでも透明な石は珍しく、それは「カラミン」、「ボンマイト」という別名でも呼ばれます。多くは装飾品として用いられますが、カボショ

ンとして宝石に利用されることもあります。

パワー　平和のバイブレーションを持つヒーリング能力の高い石

　そのやさしくおだやかな見た目のように、深い癒しをもたらしてくれる石です。恐れや不安をぬぐい去り、過去のトラウマやインナーチャイルドを癒すパワーを持っています。心や頭が混乱してしまったとき、その問題箇所がどこかを的確に見つけ出し、すみやかに修正してくれるでしょう。自分が愛されていない、望まれていないと感じたら、ぜひこの石を試してください。

　また、好感、信頼、良識を象徴する石でもあります。自分を信頼する感覚を与えてくれ、周囲の人々に好かれ信頼を持ってもらえるよう働きかけて、やさしくおだやかな性格になれるように導いてくれます。その強力なヒーリング力はストレスを解消し、肝臓の働きを正常に保ったり、肌荒れを治したり、体内の毒素を取り除いたりと、肉体的にも多くの癒しをもたらしてくれます。

使い方　おだやかで
やさしい性格になりたいときに

　おだやかで、やさしい性格になりたいときに。不安や恐れ、ストレスを解消したいとき、自信をつけたいとき、傷ついた心を癒したいときに。

[取り扱いの注意点]
やわらかい石なので、やさしく取り扱ってください。
[相性のよい石]
クリアクオーツ、カルサイト、プレナイト
[浄化方法]
月光浴、セージ、クラスター
[対応する星座＆チャクラ]
乙女座／第3チャクラ

―― *Stone Message* ――
心の痛みやトラウマの存在を認めたとき、本当の癒しが生まれます

Smoky Quartz
スモーキークオーツ【煙水晶(けむりすいしょう)】

自分らしさをサポートするグラウンディングクリスタル

- 色：淡茶色、灰色味の茶色、褐色味の黒色
- 産地：ブラジル、アメリカ各州(特にコロラド州、メーン州)、イギリス、スイス、ドイツ、タンザニア、スリランカ、スペイン、オーストラリア、中国
- 結晶系：六方晶系(三方晶系)
- 成分：SiO_2
- 硬度：7

《Keywords》
現実的な対応能力を養う
精神安定の作用を高める

特徴　クリスタルのなかに漂う黒い煙

　神秘的な、煙がかった色のクオーツ(水晶)の仲間です。クオーツに含まれる微量のアルミニウムイオンが自然の放射線を受け、茶色に変色した石です。世界各国で産出されるポピュラーな石ですが、その多くは不透明なもの。透明度が高いスモーキークオーツは稀で、とても貴重です。そのため、アクセサリーには人工的に加工した石が使われることも多く、購入時には確認が必要です。

　和名は、たき火の煙を通して太陽光を見たときのイメージから名付けられており、別名「茶水晶」ともいいます。ほかにも、スコットランドの民族衣装の飾りとして伝統的に使われたことから、特に濃い色のスモーキークオーツは、「ケアンゴーム」というスコッ

トランド名を持ちます。

パワー　心の闇に光を当て、希望を見いだす

眠っていた潜在能力や直感力を引き起こし、インスピレーションや発想力を開花させる石です。透明なクリアクオーツは、エネルギーを拡大させる作用がありますが、この石は反対にエネルギーを集中させる力を持ちます。心を静め、思考に集中させることで感覚が研ぎ澄まされ、直感力やひらめきがもたらされます。その結果、冷静な判断力が培われ、さまざまな場面で能力を発揮したり、理想を現実化したりすることができるようになります。

また、スモーキークオーツは大地とつながるパワーを持ち、グラウンディングにも最適です。しっかりと地に足をつけ、不安定な心のバランスを取ることで精神力を強め、不安やネガティブな気持ちを緩和させてくれます。古代では、悪しきものから身を守り、強力な保護力を持つとして、お守りや儀式などでも使われていました。

使い方　ポジティブで現実的な思考がほしいときに

無気力なとき、状況に流されやすいとき、忍耐力に自信がないとき、精神の安定が必要なときに。

[取り扱いの注意点]
紫外線や強い光に弱いので注意しましょう。
[相性のよい石]
タイガーアイ、フローライト、ペリドット、ミルキークオーツ
[浄化方法]
月光浴、流水、塩、セージ
[対応する星座&チャクラ]
射手座／第0・1チャクラ

―― *Stone Message* ――
自分自身の中心に戻り、あなたの願いに集中してください

Zeolite
ゼオライト【沸石(ふっせき)】

地球規模で浄化を行う人類に欠かせない石

- 色：白色
- 産地：インド、日本、アメリカ、中国
- 結晶系：単斜晶系および三斜晶系
- 成分：混合物により異なる
- 硬度：4.5〜5

《Keywords》
**ネガティブな感情を消す
強い精神力を養う**

特徴 50以上の種類があり工業分野でも重要な鉱物

　スポンジ状の構造が特徴の石です。アイスランドの火山で発見され、加熱すると泡のような状態になり沸騰しているように見えることから、ギリシャ語の「zeo(沸騰)」と「lithos(石)」から名付けられました。

　ゼオライトとは、アルミニウム、ナトリウム、カルシウムなどを主成分とする鉱物の総称で、50種類以上のものが存在します。色は白っぽいものがほとんどですが、産地によりベージュ色のものもあります。内部はスポンジ状の構造となっていて、この空洞にガスや水分を強力に吸着する特性があります。この吸着力を応用して、触媒や吸着材として工業的にも重要な鉱物となっています。最近では特に、地球の環境汚染の浄化に効果があると脚光を

浴びています。公害物質の吸着などで、大地の浄化、水の浄化、空気の浄化に有効な資源とされ、今後さらに注目される鉱物です。

パワー　人間も地球も癒してくれる大地の恵み

　大地の恵み、自然からの恩寵、再生をもたらすといわれる石です。ゼオライトは優れた吸着能力を持ち、田畑や農地などの土の浄化に用いられ、作物を健やかな成長へと導くパワーがあります。その吸着のパワーは、人体にも有効です。この石には古くから体内の毒素を取り除く働きや、喉の不調を改善するパワーがあると考えられていました。

　体内にため込んだ有害なエネルギーを浄化し、健康な心身を取り戻す手助けをしてくれます。ゼオライトはまた、ねばり強さや忍耐力を養ったり、邪悪なものや悪霊から身を守ったりするパワーがあるといわれています。人や場所のマイナスのエネルギーを吸収し、石の置かれた周囲や場を浄化しますので、部屋や空間をきれいにしたいときにもおすすめです。

使い方　強い心と体を求めているときに

　悪い環境から身を守るお守りとして。精神力を高めたいときにもおすすめ。

[取り扱いの注意点]
比較的衝撃に弱いので乱暴な扱いは避けましょう。
[相性のよい石]
クリアクオーツ、アポフィライト
[浄化方法]
月光浴、クラスター、セージ
[対応する星座&チャクラ]
第2・3・5チャクラ

―― *Stone Message* ――
周囲に存在する有害な思考や人間関係を見直してみましょう

Seraphinite
セラフィナイト【斜緑泥石】
しゃりょくでいせき

やさしく力強い癒しのパワーを持つ天使の石

- 色：帯灰緑色、暗緑色、淡緑色
- 産地：ロシア、アメリカ
- 結晶系：単斜晶系
- 成分：$(Mg,Fe^{2+})_5Al(Si_3Al)O_{10}(OH)_8$
- 硬度：2～2.5

《Keywords》
**円滑な対人関係を築く
高次の意識を導く**

特徴　美しい深緑と白銀模様が魅力

　ガラス光沢を放つ、神秘的な美しい緑色の石です。別名「クリノクロア」とも呼ばれ、鉱物学的には「クローライト」のグループに属します。色は、濃い緑色から黄緑色まであります。

　セラフィナイトは、深いグリーンの地色のなかに銀色のインクリュージョンがあることで知られています。この緑色に浮かぶ白い部分の模様が、まるで天使が羽を広げたように見えることから、「セラフィム（熾天使）」にちなんで名前が付けられました。産地はロシアのバイカル湖付近が有名です。

パワー　やさしく気持ちのよいヒーリング力

　人と人とを結ぶ「天使の石」といわれる石です。そのやさしく、

とても力強い癒しの波動は、持つ人を自己中心的な考えや執着心から解き放つといわれています。魂や細胞の奥深くまで浸透し、深い部分のブロックやネガティブなエネルギーに働きかけ、細胞レベルからの強力な癒しをもたらしてくれるでしょう。

セラフィナイトは、天使との接触や高次のチャクラを開くためのクリスタルのひとつです。名前の由来でもあるセラフィム（熾天使）は天使のなかでもいちばん高い階級に属する存在で、愛と想像力をつかさどることで知られています。

セラフィムの波動を受け継ぐこの石と一緒に瞑想することで、持ち主に霊的な悟りがもたらされ、高次元の魂の旅へと誘います。その高い波動で、邪悪なものを寄せつけず、身を守ってくれます。

また、ハートチャクラを浄化して愛を開き、人とのコミュニケーションをサポートし、対人関係をよくしてくれるでしょう。

使い方　誰かに励ましてほしいときに

自分と性格の違う人に対して協調できないとき、集団のなかにとけ込めないとき、深い瞑想を体験したいときに。

[取り扱いの注意点]
とてもやわらかい石で、衝撃により割れることがあります。
[相性のよい石]
モスアゲート、ローズクオーツ、エンジェライト、ユナカイト
[浄化方法]
クラスター、セージ
[対応する星座&チャクラ]
第7・8チャクラ

― *Stone Message* ―
あなたの目的のなかの神聖な部分にフォーカスしてください

Celestite

セレスタイト【天青石】
(てんせいせき)

清涼なブルーが美しい、天国のクリスタル

- 色：青色、淡青色、無色、白色
- 産地：イタリア、マダガスカル、メキシコ、アメリカ、ナミビア、カナダ、ドイツ、フランス、イギリス、オーストラリア、ポーランド
- 結晶系：斜方晶系
- 成分：$SrSO_4$
- 硬度：3～3.5

《Keywords》
清らかさとやすらぎをもたらす
魂を浄化する

特徴　花火の赤色をつくる、透明な青色の石

　淡いブルーが美しい、清らかな色あいの石です。1781年にイタリアのシチリア島で発見されました。その美しい透明の青色が青空や天国を連想させることから、ラテン語の「coelestis(天国のような)」が語源となっています。

　セレスタイトは通常淡い青色のものが多いですが、なかには無色や黄色、オレンジがかった色もあります。もろく割れやすいので宝飾品としてはあまり利用されていませんでしたが、近年はパワーストーンとして人気が出てきたことから割れにくいように加工が施され、アクセサリーなどにも利用されるようになってきています。なかでもマダガスカル産のセレスタイトは、結晶が美し

く高品質とされています。

パワー 魂を浄化しおだやかな精神をはぐくむ

　魂を清め、清らかさと思いやりをはぐくむ高い波動を持った石です。その名のとおり天のように、聖なる愛を宿す石とされ、深い愛情と慈悲の心を呼び起こし、運命的な出会いを招いてくれるとされます。その慈しみのエネルギーは、心身の状態を調和させ、精神的な安定をもたらし、人間関係を調和的な状況へ導きます。恋愛や対人関係の問題、夫婦円満にも役立つでしょう。

　セレスタイトはまた、浄化と感情のクールダウンにも適した石です。淡いブルーのエネルギーが後悔や不安などの感情を静め、精神性を高め、魂レベルでの浄化をサポート。持ち主の意識を、より高いところへと導いてくれます。場や空間の浄化には、大きめの原石を室内に置くとよいでしょう。寝室に置けば、安眠を誘い、睡眠中に悪い夢から守ってくれます。

使い方 感動や喜びを心から実感したいときに

　豊かな感情を取り戻したいとき、不眠で悩んでいるとき、人にメッセージを伝えたいときに。平和と調和のお守りとしてもおすすめです。

[取り扱いの注意点]
壊れやすく、脱色しやすい石です。持ち歩く場合は布に包むなどをして、太陽光や流水は避けてください。
[相性のよい石]
ガーネット、クンツァイト、ジェダイド
[浄化方法]
月光浴、クラスター
[対応する星座＆チャクラ]
牡羊座／第8チャクラ

―― *Stone Message* ――
一歩立ち止まって、いまの状況のなかに祝福を見いだしましょう

Selenite
セレナイト【透石膏(とうせっこう)】

繊細なエネルギーで魂を清めるシルキーな輝き

- 色：白色、無色
- 産地：メキシコ、アメリカ、ロシア
- 結晶系：単斜晶系
- 成分：Ca[SO$_4$]・2H$_2$O
- 硬度：2

《Keywords》
**精神をリラックスさせる
直感力と洞察力を高める**

特徴　ガラスのような繊細さで人々を魅了

　シルキーな輝きが特徴の、半透明のやさしい色みの石です。語源はギリシャ語「selene(月)」、またはギリシャ神話の月の女神「セレーネ」から来ています。鉱物名を「ジプサム(石膏)」といい、なかでも白い半透明のものだけをセレナイトと呼んでいます。また、この石の変種には「デザートローズ」があります。

　そのやわらかで凛とした美しさは「聖母マリアのガラス」と称され、ヨーロッパの宮殿の燭台やランプに使用されていました。セレナイトは爪で掻いても傷がつくほどやわらかく、水や湿気、油脂に弱いため、通常、原石やタンブルで出回り、宝石としては流通していません。

パワー　淡く儚げな光が心身を浄化する

　現実世界の制限を破り、新しい視野を開かせ、気づきをもたらす石です。月の女神の名を持つこの石は、古代では月の満ち欠けに関係があると考えられていました。一見、やさしくおだやかに見えますが、非常に高い波動を持っていて、古くから直感力を高める石として使われています。やわらかな月の光のように、じんわりと心の隙間にまで浸透し、すみずみまで光で満たして心に明晰さや気づきをもたらします。

　その繊細かつ強力なエネルギーは、心の浄化作用にも優れています。心の小さな傷から、はるか昔の過去世の魂の傷までも癒してくれるといわれます。長い間抱えていた心の傷が癒されるとき、人生に奇跡のドラマが生まれるでしょう。セレナイトはまた、平穏さを持つ石でもあります。頑固な考えをやわらげ、柔軟性をうながします。その結果、これまでの考えに固執せず、変化の波を自然な形で受け入れることができるようになるでしょう。

使い方　真実を探りたいときに

　洞察力、直感力、判断力を高めたいときに。トラウマがあることに気づいたとき、激しい感情におそわれたときに。オーラの浄化に。

[取り扱いの注意点]
湿気や水に弱いため、流水による浄化は避けてください。
[相性のよい石]
アズライト、エメラルド、トルマリン
[浄化方法]
セージ、クラスター、日光浴
[対応する星座&チャクラ]
牡牛座／第8チャクラ

Stone Message
人生の目的の、より深い部分の意義を探し求めましょう

Sodalite
ソーダライト【方ソーダ石】

知性と意欲を高め、鋭い洞察力を生む

- 色：濃青色、青色
- 産地：カナダ、ブラジル、ナミビア、イタリア、ノルウェー、ボリビア、アメリカ各州、インド、グリーンランド、ロシア、南アフリカ、北朝鮮
- 結晶系：等軸晶系
- 成分：$Na_8[Cl_2|(AlSiO_4)_6]$
- 硬度：5.5～6

《Keywords》
**勇気と意欲をもたらす
恐怖心や不安を取り去る**

特徴　魔除けとして古い歴史を持つ群青のクリスタル

　濃い青色に淡い青色と白色が斑文状になっている、半透明から不透明のガラス光沢を持つ石です。ラピスラズリの青色を構成する鉱物であるため、ラピスラズリに似ていますが、ラピスラズリよりも黒みが強いのが特徴です。高いナトリウム含有率にちなんで、名前は「soda(ナトリウム)」を含む岩石という意味があります。

　古代において青色や赤色は魔除けの力があると信じられていました。王族や僧侶が邪悪なものをはらう目的で身につけていたといわれ、古代エジプトの墓からも装飾品が発見されています。古くから産出されるのはイタリアやノルウェーで、近年カナダでも鉱山が発見されています。英国のマーガレット女王がカナダを訪

問したときに発見されたことから「マーガレット・ブルー」という異名でも呼ばれています。

パワー　好奇心や意欲をかきたて、前進する力をもたらす

　静かで強い波動を持つ、神秘的なパワーストーンです。ソーダライトの濃く深い青色は、直感と論理を結びつけて高次元への理解を深め、霊的な認識力を高めます。また、潜在意識と顕在意識とのバランスを取り、心のなかにあるわだかまりや恐れなど、マイナスの感情を解放し、強い意志と鋭い直観力をもたらします。

　ソーダライトはまた、コミュニケーション能力を高める石でもあります。まず感情の整理をすることでクリアで冷静な状態に導き、ハートから表現することをうながします。その結果、自分の考えをスムーズに人に伝えることができるようになり、前に進もうとする力が生まれてくるのです。

使い方　勉強に対する意欲を高めたいときに

　試験や面接のとき、自分の気持ちを素直に伝えたいとき、学習意欲を高めたいとき、理性的になりたいときに。不運をはらいたいときにも効果があります。

[取り扱いの注意点]
水にも紫外線にも強い石です。
[相性のよい石]
アクアマリン、アズライト
[浄化方法]
流水、日光浴
[対応する星座＆チャクラ]
乙女座／第6チャクラ

―― Stone Message ――
今この瞬間、あなたが何を体験し、創造しているかを考えてみましょう

Column 5

チャクラとクリスタル

私たちの身体の内側や近くにあり、健康や思考、オーラと密接な関係があるとされる、エネルギーセンター「チャクラ」。チャクラにはそれぞれ対応するクリスタルがあります。

チャクラとは…

チャクラとはサンスクリット語で「光の輪」「車輪」の意味で、体内外のエネルギーセンターのこと。

背骨にそって7ヶ所と足下、頭上にあって、それぞれに関連する色と意味を持っています。

石はそれぞれのチャクラと関連する波動を持っていて、チャクラを活性化します。それによって、身体の機能や意識を高めたりします。

チャクラと石の関係を知って、宇宙のエネルギーを体内に取り入れてみましょう。

第4チャクラ(ハートのチャクラ)

慈悲・奉仕・博愛を象徴し、愛ややさしさ、美しさ、情緒性をもたらす。 [**対応する色**] 緑、ピンク [**対応する石**] アベンチュリン、アマゾナイト、クリソコラ、クリソプレーズ、クンツァイト、ピンクトルマリン、ピンクロードナイト、フローライト、マラカイト、モルガナイト、モルダバイト、ユナカイト、ルビー、ローズクオーツ、ロードクロサイトなど

第3チャクラ(太陽神経叢)

情緒や感情エネルギー、意志をつかさどり、気づきを与える。 [**対応する色**] 黄色 [**対応する石**] イエローアラゴナイト、シトリン、タイガーアイ、パイライト、プレナイト、ペリドット、マラカイト、ムーンストーン、ルチルクオーツなど

第2チャクラ(仙骨のチャクラ)

創造性や生殖能力、社会とのかかわり、集団のなかで生きる術を与える。 [**対応する色**] 橙、赤色 [**対応する石**] オレンジカルサイト、オレンジムーンストーン、ガーネット、カーネリアン、サンストーン、シリナ、ピンクオパール、ルビーなど

第1チャクラ(根のチャクラ)

生物としての生命力・バイタリティーをつかさどり、生きるための活力を与える。 [**対応する色**] 赤、黒色 [**対応する石**] カーネリアン、ガーネット、スモーキークオーツ、ブラックトルマリン、ブラッドストーン、ヘマタイト、レインボーオブシディアン、レッドジャスパー、レッドアゲート、レッドタイガーアイなど

140　Part 2　パワーストーンカタログ

第8チャクラ(高次の宝冠のチャクラ)
魂、宇宙、神仏の力を象徴し、至福の喜びや未来をよりよく生きる力を与える。［対応する色］白色、透明 ［対応する石］クンツァイト、セラフィナイト、ハウライト、クリアクオーツ、ホワイトオニキスなど

第7チャクラ(頭頂・宝冠のチャクラ)
精神、感性、魂の力を象徴し、精神的な理解力や、霊力を開く力を与える。［対応する色］紫、白色 ［対応する石］アメジスト、セレナイト、チャロアイト、スギライト、ハーキマーダイアモンド、ルチルクオーツなど

第6チャクラ(眉間・第三の眼のチャクラ)
洞察力や智恵、第六感に関係し、直感力やひらめきを与え、精神を鍛える。［対応する色］青、藍色 ［対応する石］アイオライト、アズライト、アズロマラカイト、カルサイト、ソーダライト、モルダバイト、ラピスラズリ、ラブラドライト、レピドライトなど

第5チャクラ(喉のチャクラ)
自己表現やコミュニケーションを円滑にし、クリエイティブな能力を助ける。［対応する色］青、水色 ［対応する石］アクアマリン、エンジェライト、カヤナイト、セレスタイト、ターコイズ、ブルートパーズ、ブルーレースアゲート、ラリマーなど

第0チャクラ(大地のチャクラ)
大地とのつながりや安定を強め、現在をよりよく生きる力を与える。［対応する色］茶色 ［対応する石］オニキス、オブシディアン、オーシャンジャスパー、スノーフレークオブシディアン、スモーキークオーツ、ブラックトルマリン、レインボーオブシディアン、ロードナイトなど

Turquoise
ターコイズ【トルコ石(いし)】

邪悪なものから身を守り、勇気を与える「天の神の石」

- 色：空青色、青色、青緑色、帯黄緑色
- 産地：イラン、アメリカ（アリゾナ州、ネバダ州、コロラド州、ニューメキシコ州）、エジプト（シナイ半島）、中国、メキシコ、ブラジル、オーストラリア、ロシア、イギリス
- 結晶系：三斜晶系
- 成分：$Cu^{2+}Al_6[(OH)_2|PO_4]_4 \cdot 4H_2O$
- 硬度：5〜6

《Keywords》
**意欲的に自己の成長をうながす
トラブルや邪悪なものを回避する**

特徴　トルコで採れない「トルコ石」

　鮮やかなスカイブルーが美しい、12月の誕生石です。その名からトルコで採れると思われがちですが、その本場は実はイラン（ペルシア）。かつてこの石がペルシアやエジプトのシナイ半島で産出され、トルコ経由でヨーロッパに運ばれたことに由来します。

　ターコイズは、古くから宝石として採掘された鉱物で、人類とのかかわりが最も古い石のひとつです。古代エジプト初期の王墓や、インカ帝国の財宝のなかからターコイズの装飾品が多く発掘されています。色は空青色、青色、青緑色、黄緑色などがあります。ターコイズの特徴はなんといってもその鮮やかなブルーですが、天然で深みのある青色のものが少ないため、人工的に着色し

たものや模造石なども多く流通しています。

パワー 勇気と動じないパワーをもたらす聖なる石

古くから各国で神聖な石としてその効果が語られています。ネイティブアメリカンの間では、神聖さと静寂さを与え、深い意識へと導き自分を知るためのヘルプストーンとされていました。その力は危険や邪悪なエネルギーから持ち主を守り、勇気と幸福をもたらす石として大切にされてきたと伝えられています。その意味から、現在でも旅行のお守りとして、人生の旅を守護する石として親しまれています。さらに、非常に明るいエネルギーを持ち、ヒーリングストーンとしても高い能力を発揮します。空を象徴する澄んだ水色のパワーで、疲れた身体を包み込み、病んだ心を大空に解放してくれるでしょう。イライラや渇いた心に打ち水をするかのように、高ぶった感情を静め、不安を洗い流し、目標に向かって前進する勇気を取り戻させてくれます。

使い方 行動力や自己主張を強めたいときに

勇気や積極性がほしいとき、新しい目標に向かってなかなか踏み出せないとき。旅行、留学、転勤、出張のお守りなどに。

[取り扱いの注意点]
水、紫外線にとても弱い石です。
[相性のよい石]
アポフィライト、ブルートパーズ、カヤナイト、マラカイト
[浄化方法]
月光浴、セージ、クラスター
[対応する星座&チャクラ]
獅子座・蟹座・射手座・山羊座／第5チャクラ

= Stone Message =
深呼吸をしながら不安を大空に解放しましょう。喜びが戻ってきます

Diamond
ダイアモンド【金剛石(こんごうせき)】

さまざまな可能性を秘めた、宝石界の王様

- 色：無色、黄色、褐色、ピンク色、青色、緑色、黄緑色、橙色、灰色、白色、黒色
- 産地：南アフリカ、ブラジル、オーストラリア、コンゴ、ロシア、ガーナ、ナミビア、タンザニア、ベネズエラ、中央アフリカ、コートジボワール、ギニア、ガイアナ、中国、インド、インドネシア
- 結晶系：等軸晶系
- 成分：C ● 硬度：10

《Keywords》
自己存在感を強くアピールする
生命体エネルギーの強化

特徴　最も硬く、最も純粋な成分でできた石

　4月の誕生石で知られる、最高の輝きを持つ宝石の王者です。ギリシャ語の「adamas(征服することが不可能)」が語源です。炭素のみでできている鉱物で、あらゆる天然鉱物のなかで最も硬いことから名付けられました。

　無色透明よりも、黄色みを帯びたものや褐色のものが多く採れます。無色透明のものほど価値が高いとされますが、ブルーやピンク、グリーンなどはとても稀少とされ、無色のものよりも高値で取り引きされることがあります。人々を魅了する特有のきらめきは高い屈折率によるもので、その究極の輝きは58面体、82面体、

144面体といったブリリアントカットによって生まれます。

パワー　波動を共鳴し、より大きなエネルギーを得る

　精神の明晰さや健康、完璧さ、宇宙的な意識などの意味を持ち、古くから最強の護符とされてきました。比類なき輝きと格調の高さから、悪霊をはらい、永遠の絆を守るといわれ、エンゲージリングの定番となっています。純粋な光のパワーは、夫婦間や人間関係などを、ひとつのまとまりにすることをサポートします。

　ダイアモンドはまた、強力な波動で富や愛、必要な人間関係など多くのものを引き寄せます。エネルギーを増幅させるとても強力なパワーがあり、周囲のあらゆるエネルギーを吸収し、増大させて持ち主に影響を与えます。ポジティブなエネルギーもネガティブなエネルギーもどちらも増幅させるので、ヒーリングに使うときには心の持ち方に気をつけてください。あらゆる石のパワーを強めるので、一緒に身につける石は考えて選びましょう。

使い方　自己をうまく表現できないと感じたときに

　自己アピールをしたいとき、人をひきつけたいとき、他人の影響を受けやすいときに。オーラを強化したいときにも身につけるといいでしょう。

[取り扱いの注意点]
硬度は高いですが、靭性は高くないため強い衝撃で破壊されることもあります。
[相性のよい石]
オパール、ロードクロサイト、ラピスラズリ、サファイア
[浄化方法]
日光浴、塩
[対応する星座＆チャクラ]
牡羊座・牡牛座・獅子座／第3・7チャクラ

― Stone Message ―
あなたのやろうとしていることは、心に喜びを運んでくれるものですか？

Tiger's Eye
タイガーアイ【虎目石】
とらめいし

洞察力と決断力を高める、サクセスストーン

- ●色：褐色、黄色、黄褐色
- ●産地：南アフリカ、オーストラリア（西部）、ナミビア、中国、ミャンマー、インド
- ●結晶系：単斜晶系（結晶繊維の部分）
- ●成分：$Na_2Fe^{2+}3Fe^{3+}2\,[OH\,|\,Si_4O_{11}]_2$
- ●硬度：6.5〜7

《Keywords》
洞察力と決断力を高める
災いやトラブルを防ぐ

特徴　個性的な輝きを放つ「光の線」

　濃い茶色と黄金色がストライプをなしている石です。「角閃石」の一種で、「クロシドライト（青石綿）」に石英（SiO_2）が染み込んで茶色になったものです。光沢のある茶色地と黒の縞模様が、「シャトヤンシー（光線状）」という独特の光を放ち、その様子が虎の目を連想させることから名付けられました。

　中国では古くから、力の象徴である虎と金色の光沢から、力と財力の象徴や魔除けのお守りとしてタイガーアイを珍重していました。また、日本でも古くから勾玉などに細工され、アクセサリーや宝飾品として用いられていました。安定した研磨加工ができるため、大きなカットや彫刻品にもよく利用されます。

パワー　すべてを見通すパワーに満ちた「虎の目」

　幸福を招く石、霊力を授ける聖なる石として、世界各地で珍重されてきました。古代エジプトでは、虎の目はすべてを見通すとして、神々の像の目の部分に使用されています。持ち主に広い視野を持たせ、洞察力や決断力を養い、成功へと導きます。タイガーアイで養われた洞察力や決断力で、ものごとの本質を見極め、金運に結びつくチャンスを得やすいことから、東洋では「お金が貯まる石」として人気があります。

　強い光の筋は、新しい視点をもたらし、新しいことにチャレンジする力を与えてくれます。また、信頼できる助言者や協力者を探す効果も持っています。邪悪な力を跳ね返し、災いを防ぎ、他人の負のエネルギーの影響から守って、正しい判断力を持つことができるでしょう。

使い方　ビジネスチャンスをつかみたいときに

　ビジネスや商談、新しいことをはじめるとき、新事業をはじめるとき、事業を拡大したいとき、ビジネスパートナーを探しているときに。自信がないときや人間関係のトラブル回避にも効果があるとされます。金運のお守りとして。

[取り扱いの注意点]
紫外線、水に強い石ですが、原石は衝撃に弱いので注意。
[相性のよい石]
アポフィライト、アンバー、クリソプレーズ、クリアクオーツ
[浄化方法]
太陽光、流水
[対応する星座＆チャクラ]
獅子座・蟹座・射手座／第5チャクラ

Stone Message

ほしいと思っているものと、本当に必要なものを区別してください

Tanzanite
タンザナイト【ゆうれん石】

魂と意識を高次元に導くスピリチュアルな石

- 色：紫色、青紫色、青色
- 産地：タンザニア
- 結晶系：斜方晶系
- 成分：$Ca_2Al_2Al[OH|O|SiO_4|Si_2O_7]$
- 硬度：6～7

《Keywords》
神秘的な力を高める
意識を高次元に導く

特徴　「青い石ファン」を魅了する神秘的な青

　強いブルーと多色性（見る角度によって色が異なること）が美しい、12月の誕生石です。タンザナイトは「ゾイサイト」という鉱物の一種で、ゾイサイトのうち、青色から紫色の石をさします。

　サファイアよりもやや紫がかった透明感のあるブルーの石で、自然光の下では透明感に満ちた美しい青色に、夜の人工的な光の下では紫に見えます。見る角度によって青や紫に見えたり、紫や赤に見えることもあります。こうした多色性の強いものほど価値が高いとされています。

　1967年に、アフリカのタンザニアで発見され、世界でも名高いキリマンジャロの夕暮れどきの青い空の色に似ていることから、タンザナイトと名付けられたそうです。

パワー　高いヒーリング効果で正しい判断力を導く

　愛、霊力、癒し、永遠を象徴する石です。古代ケルト民族の間では、とても霊力の高いパワーストーンとして扱われていました。

　タンザナイトは、意識を高次元に導き、高いヒーリング効果と深い瞑想状態をもたらします。高次元に意識を引き上げることで、直感力や洞察力を強め、ヒーリングエネルギーをもたらしてくれます。のどのところの第5チャクラと、眉間の中央の第三の眼の機能を強めます。また、個人的な意識レベルから、社会貢献へと向かわせる高い意識をもたらし、人間関係において、高いレベルでの絆を持てるようにしてくれるでしょう。

　エネルギーを正しい方向に導くことで、鬱積した感情を解放。自己を奮起させて、積極的な行動を取るようにうながしてくれるでしょう。

使い方　勇気と元気を出して積極的になりたいときに

　知的能力を上げたいとき、冷静な態度を保ちたいとき、疲れがたまっているときに。スピリチュアルな能力をつけたいときにもおすすめです。

[取り扱いの注意点]
水、紫外線にやや弱い石です。もろくて壊れやすいので取り扱いには注意してください。

[相性のよい石]
オパール、モルダバイト

[浄化方法]
セージ、クラスター、月光浴

[対応する星座＆チャクラ]
双子座／第7チャクラ

Stone Message

日常のありふれたもののなかにこそ、本当に大切なものが含まれています

Charoite
チャロアイト【チャロ石】

方向転換をサポートするダイナミックなパワー

- 色：紫色、薄紫色、赤紫色
- 産地：ロシア・サハ共和国
- 結晶系：単斜晶系
- 成分：$(K,Na)_5(Ca,Ba,Sr)_8[(OH,F)|Si_6O_{16}|(Si_6O_{15})_2]\cdot nH_2O$
- 硬度：4.5～6

《Keywords》
**精神と感情のバランスを整える
抑制された感情の解放**

特徴 見るものを魅了するマーブル模様

　芸術的な美しさを持つ、スギライトに似た紫色の石です。透明感のない艶やかな光沢と紫・黒・白の混ざった不思議な模様を持ち、独特の雰囲気を放っています。この模様は、エリジン、マイクロクリン、ティナクサイト（淡橙部分）などの鉱物がマーブル状に混ざり合って織りなされたもの。この石の美しさから、ロシア語の「charo(魅惑する)」から名付けられたという説があります。

　チャロアイトは、シベリアのアルダン地区のチャロ川で発見され、1978年に新鉱物として認定された新しい石です。産地はロシアのヤクート地方にあるムルトン山脈のみで、市場ではとても珍しい宝石のひとつとされています。

パワー　内に秘めた新しく大胆な一面を引き出す

　チャロアイトは、スギライト、ラリマーと並ぶ3大ヒーリングストーンのひとつです。高い波動を持ち、恐れを克服させ、高次元の意識への気づきをもたらすといわれます。チャロアイトの特徴は紫に混じりあう、黒と白のマーブル模様。紫色の縞模様は意識の象徴で、光を表す白と闇を表す黒とが微妙に折りあいながら美しい流れをつくっています。光も闇も同じ世界に存在しています。そこには善も悪もありません。目の前にある問題や現象も、ただその状況をありのままに認めることが大切だということに気づかせてくれます。

　チャロアイトはまた、精神と感情のバランスを取り、心を開放してくれる石です。驚異的なパワーを発揮する創造性もあわせ持ち、持ち主の大胆さを引き出し、恐怖心の克服や現実と向き合う力を与えてくれます。人生の転機やチャンスを迎えたときに使ってみたい石です。

使い方　チャレンジ精神が必要なときに

　転職、転居、環境の変化、人間関係の整理などに。決断や決別のときに。新しい自分を発見したいとき、不安の克服や思い切った行動をしたいときにもおすすめです。

[取り扱いの注意点]
熱や酸、紫外線に弱い石です。
[相性のよい石]
レモンクオーツ、ムーンストーン、ピンクカルサイト、クリソプレーズ
[浄化方法]
流水、クラスター、セージ、月光浴
[対応する星座&チャクラ]
蟹座・射手座／第6・7チャクラ

Stone Message
あなたの前には1本の道があります。恐れずに歩き出してください

Tektite
テクタイト

精神と肉体をつなぎ留める、宇宙からの使者

- 色：黒色、褐黒色、帯緑黒色、黄色、ほぼ無色、緑色
- 産地：タイ、フィリピン、カンボジア、インドシナ半島、インドネシア、ベトナム、中国、オーストラリア(タスマニア島)、リビア、コードジボアール、アメリカ(テキサス州)、コロンビア、チェコ
- 結晶系：非結晶
- 成分：主にSiO₂、Al、Fe、Ca、Na、K、Mg、Ti、Mn、Cu等を大小の量で含む
- 硬度：5～6

《Keywords》
**自然の理念に基づく思考を高める
孤独感や不安をぬぐい去る**

特徴　謎の到来者として多くの論争を生んだ石

　小さな円盤状をはじめ、算盤玉状、球状、滴状、流線形状、皮殻状など、地表近くにさまざまな形で現れます。その形と産出の仕方の不思議から、古代人が残した遺物だとか、地球を滅ぼした先住民の核戦争の産物から生まれたとか、隕石そのものであるとか、諸説が取り沙汰されてきました。現在は「隕石が地表へ衝突した際に、地表の岩石が溶融してできた天然のガラス」という説に落ちついています。衝撃により飛び跳ねた地表の物質が急激に蒸発し、部分的に凝集してつくられたもので、石の表面にはディ

ンプルと呼ばれる特有の凹凸や穴が見られます。名前はギリシャ語の「tektos(溶けた、型にはめた)」に由来します。

パワー　宇宙のポジティブなエネルギーを与える

　古くからインドネシアやインド、中国、チベットなどの東南アジアで「アニグマ（天の火の真珠）」と呼ばれ神聖視され、儀式の道具や装飾品として使われていました。

　生成の由来からして謎が多いことから、独特なパワーで肉体よりも精神に強く作用し、魂の生命力を高めるといわれています。テクタイトの故郷は地球外。ほかの惑星のエネルギーと地球のエネルギーを融合させることから、別の世界や次元の存在を認識し、理解するのを助けます。また広い宇宙のような包容力で孤独な魂や心を包み込み、不安や悲しみ、孤独感をなぐさめ、癒してくれるでしょう。血液の流れをスムーズにして細胞を活性化し、体調不良を改善するともいわれています。

使い方　不安や悲しみ、孤独感を癒したいときに

　周囲から孤立してしまい孤独感にさいなまれたとき、未来に漠然とした不安を感じるとき、生きるのがつらいと感じたときに。体調不良の改善にも効果があるといわれます。

[取り扱いの注意点]
比較的丈夫で取り扱いやすい石です。
[相性のよい石]
モルダバイト、オニキス、オブシディアン
[浄化方法]
月光浴、クラスター、流水
[対応する星座＆チャクラ]
牡羊座・蟹座・乙女座／第1・6チャクラ

― *Stone Message* ―
孤独という幻想を手放してください。あなたは宇宙の愛で満たされています

Desert Rose
デザートローズ【砂漠の薔薇】
（さばく ばら）

おだやかな癒しを与える永遠に枯れない砂漠のバラ

- 色：白色、淡褐色
- 産地：メキシコ、オーストラリア、チュニジア、モロッコ
- 結晶系：単斜晶系
- 成分：$CaSO_4 \cdot 2H_2O$
- 硬度：2

《Keywords》
不必要な人との縁を切る
寛容さと深い愛情をはぐくむ

特徴　砂漠が生んだ自然界の芸術品

　砂漠の砂のなかから見つかる、バラの花に似た美しい鉱物です。デザートローズとは鉱物の名前ではなく、花びら状の結晶のことを意味します。一般には、「カルセドニー」の結晶からなるものと、「ジプサム（石膏）」が結晶化した「セレナイトローズ」が知られています。砂漠のオアシスの水が干上がるとき、地底から蒸発する水分が砂のなかに染み出し、周囲のミネラルを溶かして花のような結晶が形成されます。

　地表下数センチから数メートルのところに生成することが多く、砂漠の砂を含んでいるためキラキラとした輝きを見せます。含まれる成分により、小さなバラ状の固まりがいくつも重なった結晶になったり、一個体の大きなバラ状の結晶になります。

パワー　自分のいるべき場所や人を教えてくれる

　宝石言葉は「愛と知性」。深い愛情を持って人と接することを可能にしてくれる石です。この石の持つやわらかな波動は、寛容さをはぐくみ、周囲への深い愛情を育てることを助けます。苛酷な状況のなかでも冷静さを思い出させてくれ、同じ環境下の人と助け合える状態をつくってくれます。

　デザートローズは、「願いを叶える石」とも呼ばれます。心から願い、祈りを捧げることにより、それを実現できるよう、力強いサポートをしてくれます。また、自分にとって必要のない悪縁を断ち切る効果があるといわれます。恋人と禍根を残さず別れたいときや、やめられずにいる悪習を断ちたいときにおすすめ。本当にいるべき場所や必要としている人に、縁をつないでくれるでしょう。

使い方　いろいろな人とかかわりを持つときに

　悪縁を断ちたいとき、人間関係を円滑にしたいときに。夢や希望の実現化にもおすすめです。

[取り扱いの注意点]
精妙な石なので、少しの衝撃で割れることがあります。部屋に置いて観賞用として楽しみましょう。水や紫外線にも弱いです。

[相性のよい石]
アポフィライト、セレナイト、クリアクオーツ

[浄化方法]
月光浴、クラスター

[対応する星座&チャクラ]
牡牛座／第1チャクラ

― Stone Message ―
毎日を意識的に生きることで、悪い習慣を断ち切ることができます

Topaz
トパーズ【黄玉】
カリスマ性とアピール力を高める明るいエナジー

- 色：黄色、褐色、淡青色、青色、淡緑色、橙色、ピンク色、紫色
- 産地：ブラジル、メキシコ、アメリカ(テキサス州、ユタ州、コロラド州、カリフォルニア州)、ロシア、スリランカ、マダガスカル、ナイジェリア、パキスタン、ミャンマー、ジンバブエ、オーストラリア、ナミビア、中国、ブラジル・オーロプレート
- 結晶系：斜方晶系
- 成分：$Al_2SiO_4(F,OH)_2$
- 硬度：8

《Keywords》
内面の魅力を引き出す
自信と博愛をもたらす

特徴 強い輝きを放つカラーバリエーション豊富な石

　11月の誕生石で知られる、飴のような透明感のある石です。紅海にあるセント・ジョン島のギリシャ名「トパゾン」で発見された宝石にちなんで命名されました。一般的に黄色から茶褐色のイメージですが、稀に青色やピンク色のものも産出されます。なかでもシェリー酒のような色をした「インペリアルトパーズ」は、価値あるトパーズとして珍重されています。

　また、宝石としてよく見かける「ブルートパーズ」は、トパーズに放射線を照射して青い色をつけたものです。

パワー　持つ人の魅力を引き出し、周囲に認めさせる

「友情、忠実」の宝石言葉を持ち、生命のエネルギーをうながす石です。古代エジプトでは、太陽神「ラー」の象徴で、邪気から身を守り、最強の治癒力を持つ石と崇められていました。また東洋では、大地を象徴する活力の源や不慮の事故から身を守る石として珍重されてきました。

トパーズの波動は、喜びや寛容、豊かさ、健康などをもたらすといわれます。その貫くような明るさのパワーは、心の内側にくすぶる憎悪や嫉妬、恐怖、罪悪感などをきれいに取り除いて心身をクリアにし、活力を取り戻す手助けをしてくれます。金銭など物理的な豊かさや、自信、博愛の気持ちを与え、自分の内面の豊かさといった気づきをもたらしてくれます。

また、持つ人の魅力やスピリチュアルな能力を引き出すサポートをし、可能性を広げるのを助ける石でもあります。

使い方　自分を誰かにアピールしたいときに

内臓の不調や不眠症の解消に、自分の評価を上げたいとき、目標を失いかけたときに。魔除けとしての効果もあります。

[取り扱いの注意点]
退色性が高いので保管には注意が必要です。
[相性のよい石]
エメラルド、オパール、サファイア、ターコイズ、パール
[浄化方法]
流水、月光浴、クラスター、セージ
[対応する星座&チャクラ]
牡羊座・牡牛座・双子座・獅子座・乙女座・天秤座・蟹座・蠍座・射手座／第1・2・5チャクラ

― Stone Message ―
望む現実を創造するために、あなたの意図を明確にしておきましょう

Tourmaline
トルマリン【電気石】

心身に健康をもたらすエレクトリックストーン

- ●色：無色、白色、黒色、緑色、青色、水色、ピンク色、赤色、橙色、紫色、黄色、黄金色
- ●産地：ブラジル、アメリカ（カリフォルニア州、メーン州）、タンザニア、ケニア、ジンバブエ、マダガスカル、モザンビーク、ナミビア、ロシア、スリランカ、ミャンマー
- ●結晶系：六方晶系（三方晶系）
- ●成分：色、種類によって異なる
- ●硬度：7〜7.5

《Keywords》
心身を浄化する
電磁波を吸収し身を守る

特徴　カラーバリエーションのある電気を帯びる石

　電気的性質を持つ、10月の誕生石。スリランカのシンハリ語で「trumali（多くのものを持っている）」が名前の由来です。結晶の両端にそれぞれ＋と－があり、摩擦や加熱により電気を発生します。金属をイオン化する傾向が高いナトリウム、マグネシウム、アルミニウムなどを多く含有するため、マイナスイオンを発し、周囲のイオンバランスを整えることから、健康によいといわれています。トルマリンは色によって別の名で呼ばれることもあり、緑色は「バーデライト」、赤色は「ルベライト」、青色は「インディゴライト」の異名を持ちます。さらに、2色を含むものも多く、結晶の周辺部が緑色で中心部が赤色やピンク色のものは「ウォーターメロン（すいか）」と呼ばれ珍重されています。

パワー　電磁波を吸収し、心と身体を元気にする

　トルマリンのように電気を帯びる性質の石は、ダイナミックなパワーをダイレクトに伝えます。身体や脳に影響を及ぼす電磁波を吸収し、身を守る働きがあり、またほかの石と一緒に使うことでその石のパワーを増幅させることができます。

　色によってその効果はさまざまで、緑色はヒーリング効果に優れ、心の傷を癒します。黄色は知的能力を高め、好奇心を豊かにします。ピンク色は個性や魅力を引き出します。紫色は直感力を与え、状況をよくしてくれます。青色は愛と慈悲、正義感をはぐくみます。黒色は発想の転換をもたらすと同時に、細胞を活性化させ、若さと美しさを取り戻すサポートをします。また茶色は優柔不断な考えを改善し、目的意識を持たせます。ウォーターメロンは緊張をやわらげ、心に平和と安定をもたらすため、人間関係を円滑にします。無色は身体のコンディションを整えてくれます。

使い方　心も身体も美しくはつらつとしたいときに

　個性を引き出したいとき、緊張をやわらげたいときに。肩こりの緩和、疲労回復、リフレッシュなどにも効果が得られます。

[取り扱いの注意点]
紫外線にも水にも強い石です。
[相性のよい石]
セレナイト、アベンチュリン、カルサイト、ハウライト
[浄化方法]
流水、太陽光
[対応する星座＆チャクラ]
牡牛座・双子座・蟹座・獅子座・天秤座・山羊座／第0・1・3・4・5・7チャクラ

― *Stone Message* ―
過去や未来ではなく、いまこの瞬間にフォーカスしてください

Column 6

星座と守護石の関係

パワーストーンは古代よりお守りとして広く親しまれてきました。占星術の星座にはそれぞれ「星座守護石」があり、さらに12の月ごとに「誕生石」があります。この2つを組み合わせることで、より強いパワーを得られます。

誕生石

「生まれ月」による分類法で、ユダヤ教の祭司が胸につけた12石が起源といわれています。誕生石は国によって違いますが、日本では下表のような分け方が一般的です。本書内ではさらに多くの石を誕生石として紹介しています。使い方は生まれた月の石を身につけるほか、誕生月に関係なくその月にあたる石を身につける方法もあります。

生まれ月	誕生石	宝石言葉
1月	ガーネット	友愛・忠実
2月	アメジスト	恋人を呼ぶ・誠実
3月	アクアマリン	幸運を呼ぶ・幸せな結婚・沈着
4月	ダイアモンド	変わらぬ愛・純愛
5月	エメラルド	愛のパワーを増す・健康・幸運
6月	パール	純潔・長寿・富
7月	ルビー	情熱・美しさを輝かせる
8月	ペリドット	和合・恋人間のトラブルを解消する
9月	サファイア	誠実・賢明・徳望
10月	オパール	幸福・歓喜・忍耐
11月	トパーズ	知性・友情・希望
12月	ターコイズ	成功・闘争心を燃やす

星座と守護石

占星術では、12の星座にはそれぞれを守護する石が存在していて、自分の星座の守護石を持つと、生まれながらに持っているパワーを強めてくれるといわれています。また、守護石のパワーを補ってくれるのがサブストーン。守護石と一緒にサブストーンを持つと、より強力なサポートを得られます。

牡羊座(3/21～4/19生まれ)
[守護石] ルビー
[サブストーン] レッドジャスパー、コーラル、カーネリアン、ダイアモンド、サファイア、ブラッドストーン

牡牛座(4/20～5/20生まれ)
[守護石] エメラルド
[サブストーン] トパーズ、ラピスラズリ、アゲート、ジェダイド、グリーンアベンチュリン

双子座(5/21～6/21生まれ)
[守護石] アゲート、ジェダイド
[サブストーン] クリアクオーツ、アクアマリン、パール

蟹座(6/22～7/22生まれ)
[守護石] パール、ムーンストーン
[サブストーン] ルビー、ターコイズ、アクアマリン、アゲート

獅子座(7/23～8/22生まれ)
[守護石] ダイアモンド
[サブストーン] アンバー、ルビー、サードオニキス、ペリドット

乙女座(8/23～9/22生まれ)
[守護石] カーネリアン、サードオニキス
[サブストーン] ピンクジャスパー、ロードクロサイト、サファイア

天秤座(9/23～10/22生まれ)
[守護石] ペリドット、トルマリン
[サブストーン] オパール、サファイア、アゲート

蠍座(10/23～11/21生まれ)
[守護石] トパーズ、オパール
[サブストーン] ガーネット、コーラル、ルビー、ブラッドストーン

射手座(11/22～12/21生まれ)
[守護石] トパーズ
[サブストーン] アメジスト、マラカイト、ターコイズ、ガーネット、ラピスラズリ

山羊座(12/22～1/19生まれ)
[守護石] ターコイズ、ガーネット
[サブストーン] オニキス、オブシディアン、パール

水瓶座(1/20～2/18生まれ)
[守護石] アメジスト
[サブストーン] ブルーサファイア、ラピスラズリ、アクアマリン、ジェダイド

魚座(2/19～3/20生まれ)
[守護石] アクアマリン
[サブストーン] ダイヤモンド、ターコイズ、ジェダイド、トルマリン、ブラッドストーン

Nephrite
ネフライト【軟玉(なんぎょく)】

肉体と魂をつなぐ聖なるクリスタル

- 色：白色、緑色、濃緑色、黄緑色、淡黄色、褐色、黒色
- 産地：アメリカ(ワイオミング州、アラスカ州)、カナダ(ブリティッシュコロンビア州)、ニュージーランド、ロシア、台湾、中国
- 結晶系：単斜晶系
- 成分：$Ca_2(Mg,Fe^{2+})_5[OH|Si_4O_{11}]_2$
- 硬度：6.5〜7

《Keywords》
精神力を成長させる
洞察力と思考力を高める

特徴 特性を生かして古くから武器や装飾品に使用

　真珠光沢やガラス光沢が美しい翡翠の一種です。その形が腎臓に似ていたことからギリシャ語の「腎臓」が語源。翡翠は単一種類の宝石と考えられてきましたが、1863年より「ジェダイド(硬玉)」と「ネフライト(軟玉)」の2種類に分類されました。

　軟玉とはいうものの、その構造は非常に強靭で「アレックス・ストーン(斧の石)」の別名を持ち、武器としても用いられました。武器以外にも、中国では何世紀にもわたり、玉彫工芸や彫刻を施す材料として加工されてきました。ジェダイドが発見されるまでは、このネフライトが最高の宝石として愛好されたといわれてい

ます。淡い緑色のものを「ニュージェイド」と呼びます。

パワー　霊石として崇められた幸運のお守り

　純粋さと平穏さを象徴する保護作用が強いパワーストーンです。古くから東西を問わず、肉体と魂とをつなぐ「聖なる石」として神聖な儀式の際に用いられるほか、死者とともに埋葬するなど、特別に崇められ大切にされてきました。災いを退け、強い精神力を養い、前向きな気持ちになるエネルギーを与えるといわれます。精神的に未熟な部分を成長させることで、魅力のある人格をはぐくんでくれます。

　また、知恵とやすらぎを象徴する石でもあり、別名「哲学の石」と呼ばれ、洞察力と思考力を高めます。問題に光を当て、確かな判断ができるように働きかけてくれるでしょう。ハートチャクラ（第4チャクラ）と関係していて、愛や慈しみを深めてくれます。その愛のバイブレーションは、人間関係にも調和をもたらし、幸運と友情を引き寄せるといわれています。

使い方　乗り越えられない高い壁を感じたときに

　強い精神力を手に入れたいとき、目標や夢を達成させたいときに。

[取り扱いの注意点]
水にも太陽光にも強い石です。
[相性のよい石]
ジェダイト
[浄化方法]
流水、日光浴、セージ
[対応する星座&チャクラ]
第4・5チャクラ

―― Stone Message ――
ネガティブ思考を解き放ち、ハートに夢を取り戻してください

Howlite
ハウライト【ハウ石】

リセットパワーに優れた純粋・無垢なクリスタル

- 色：白色（脈状黒色部を伴う）
- 産地：アメリカ
- 結晶系：単斜晶系
- 成分：$Ca_2B_5SiO_9(OH)_5$
- 硬度：3.5

《Keywords》
心身を清らかにする
精神をリセットする

特徴　やわらかな手触りは陶器のような質感

　白いクリスタルのなかでも珍しい不透明な石で、陶器のようなあたたかみのあるマットな質感が特徴です。ハウライトはアメリカのカリフォルニア州で多く産出され、大理石に似た白くやわらかい鉱物です。名前は、カナダの科学者H.Howの名前にちなんで付けられました。

　天然のハウライトは白色で黒や褐色の縞が入っているものが多く、石の内部の状態が素焼きのようになっているために染色しやすいという特徴があります。研磨時の耐久性がよく、加工しやすく染色しやすい性質から、紫に染めてチャロアイト、青く染めてターコイズの代用品として使用されることも。また、紫色に染めたものはチャロアイトによく似た雰囲気になります。

パワー　高い浄化作用で心も身体もリセットする

　ハウライトの強い白色は、純粋・無垢を表し、浄化作用の高いヒーリングストーンとして知られます。白い色は、一見ピュアでやさしく見えますが、実はとてもパワフルなエネルギーの色。闇や邪悪なものを跳ね返します。

　ハウライトは鎮静効果に優れた石でもあります。他者に対する望みや、不満による自分勝手な怒りを静め、冷静さと洞察力を取り戻します。心の混乱を静めることで、心身を清らかに保つことができるようになります。その鎮静作用は、睡眠や瞑想時にも有用で、どちらの場合も深い安らぎをもたらし、深い睡眠やスピリチュアルな旅を楽しむことができるでしょう。また、ハウライトは霊的なエネルギーの強い石です。この石を集中して見続けることで、いつしか意識が時空の境界を飛び越え、ほかの時間や次元へと導いてくれる力があるとされます。

使い方　気持ちを清らかにしたいときに

　いろいろなことに怒りや不満を感じてしまうとき、集中したいとき、心身の浄化をしたいときに。脳の活性化にも効果があるといわれます。

[取り扱いの注意点]
着色されたものは水に弱いので注意が必要です。
[相性のよい石]
マラカイト、ジャスパー、レピドライト、ブラッドストーン
[浄化方法]
月光浴、セージ
[対応する星座&チャクラ]
第6・7チャクラ

― Stone Message ―
争いを手放し、この状況にかかわるすべての人に祝福を贈りましょう

Pearl

パール【真珠】
しんじゅ

大いなる海がはぐくんだ命のエネルギー

《Keywords》
強い保護力で身を守る
美と健康をサポートする

- 色：白色、(濃淡)黄色、黒色、灰色、帯ピンク白色、帯緑白色、(淡)灰青色、橙色、(淡)紫色、ピンク色
- 産地：[海水産]オーストラリア、インドネシア、ミャンマー、タイ、タヒチ、アメリカ(カルフォルニア州)、ベトナム、中国 [淡水産]中国、アメリカ(ミシシッピー州、テネシー等の河川)※ともに養殖品限定
- 結晶系：斜方晶系(微粒状結晶の積層)
- 成分：Ca[CO_3]＋有機成分(主にコンキオリン$C_{32}H_{48}N_2O_{11}$)＋H_2O
- 硬度：2.5～4.5

特徴　「宝石の貴婦人」と呼ばれる気品のある輝き

　6月の誕生石として有名な気品にあふれた石です。パールは高価な宝石として知られていますが、貝から生まれたもので、正確には鉱物ではありません。貝は砂や小さな虫が侵入してくると防御反応として真珠質を分泌して、それらを覆います。こうしてできるのが天然パールです。この働きを利用し、人の手で異物を挿入して貝に真珠質をつくらせるのが養殖パールとなります。

　パールには、海水産と淡水産があります。海水産は貝殻を核として使うことでパールが核に支えられて丸い形となりますが、淡

水産は核を使用しないため不定形な形が特徴です。

パワー 母性的なパワーで持つ人を包み込む

貝という生命体が生み出した、新鮮で活力のある生きたエネルギーを持つ石です。古くは、月の落とした光の滴や人魚の涙が貝のなかに宿ったものと考えられていました。母貝に守られ少しずつ成長してきたため、守護のパワーが強く、ストレスで疲れた身体を癒し、守ってくれます。

喜びや苦しみに対して敏感に応じるヒーリング効果があり、人間的な成長をうながします。また、冠婚葬祭などの儀式で身につける宝石として知られていますが、これは悪霊をはらい、よい霊を呼んで身を守る効果があることに由来しているといえるでしょう。

苦労を経験した人をいたわり、癒しと忍耐力を与えます。よい縁を結ぶパワーにあふれ、美しくなりたい女性の護符としても適しています。

使い方 美と健康を保ちたいときに

よい人に巡りあいたいとき、緊張する場面に、イライラするときに。美や若返りのお守りとして。

[取り扱いの注意点]
酸に弱いので、アクセサリーの使用後はやわらかい布で軽く磨きましょう。
[相性のよい石]
オレンジトパーズ、カヤナイト、ローズクオーツ、コーラル
[浄化方法]
月光浴、クラスター
[対応する星座&チャクラ]
蟹座／第0チャクラ

― *Stone Message* ―
あなたの目的をピュアにすればするほど、夢が近づいてきます

Pyrite
パイライト【黄鉄鉱】

火山のパワーを秘めたメタリッククリスタル

- 色：黄金色
- 産地：世界各国（標本としてよく知られているものは、ペルー、スペイン、イタリア）
- 結晶系：等軸晶系
- 成分：FeS_2
- 硬度：6〜6.5

《Keywords》
あらゆる危険から身を守る
ポジティブ精神を高め成功へと導く

特徴　自然が織りなすシャープなオブジェ

　キラキラ光る黄金色が特徴の石。その輝きは主成分の鉄と硫黄によるものです。叩き合わせると火花が出ることから、ギリシャ語の「pyr(火)」に由来し、ラテン語の「pyrites(火打ち石)」を経てパイライトという名前になりました。

　火山活動によってできた石で、刃物でスパッと切ったような、立方体や5角12面体の結晶をしています。なかでも5角形の面は「黄鉄鉱面」と呼ばれ、独特の形状から人気があります。日本の火山地帯でもよく産出され、その量の多さから、かなり見事な結晶でも比較的安価で手に入れることが可能。エメラルドやダイアモンド、サファイア、ラピスラズリのなかに内包されることもしばしばあります。

パワー　火山がもたらしたグラウンディング作用

　火山活動に象徴される、上昇のエネルギーを持った石です。グラウンディング（地に足をつけること）の作用があり、地面から頭頂を貫くように、まっすぐで安定したパワーを送り込む最高のヒーリング効果が得られます。誤った気の流れを修正、身体の機能を本来のものへと戻し、正しく流れるようにうながしてくれます。

　チャンスに強い勝利のパワーも持ち、成功へ導く効果が得られます。それにより思考が活発となり、強い意志と信念をはぐくみ、行動力を高めてくれるでしょう。また、あらゆる危険から身を守り、ネガティブなエネルギーを跳ね返す、優れた保護力もあります。ゴールドの色は、第3チャクラと関連していて、腹痛をやわらげたり、消化器官の働きを助ける効果が期待できます。

使い方　実力を存分に発揮したいときに

　可能性をフルに発揮したい、肉体的なパワーを活用したい、向上心を高めたいときに。ビジネスチャンスやハードワークに。筋肉の疲れや血液循環の改善にも効果があります。

[取り扱いの注意点]
変色や色落ちが自然に起こりやすいので、流水による浄化は避けてください。成分である硫酸鉄が皮膚を刺激することがあります。肌の弱い人は直接触れないようにしましょう。
[相性のよい石]
アベンチュリン、ムーンストーン
[浄化方法]
日光浴、セージ
[対応する星座&チャクラ]
双子座・獅子座／第3チャクラ

― *Stone Message* ―
あなたのハートのなかで、いちばん大切なものに光を当てましょう

Bloodstone
ブラッドストーン【血石(けっせき)】

気力を充実させて成功を呼ぶ戦士の石

- 色：濃緑色地に血赤色の斑点紋あり
- 産地：インド、ロシア、スコットランド、シベリア、オーストラリア、ブラジル
- 結晶系：六方晶系（潜晶質）
- 成分：SiO_2
- 硬度：7

《Keywords》
気力や闘争心を高める
寛大さとやさしさをはぐくむ

特徴　キリストの血伝説を持つ神聖な石

　濃緑色に赤い斑点を持つ石で、この赤い斑点が血のように見えることから「血の石」という意味の名前が付けられました。ジャスパーの仲間で、アゲートやカルセドニーと同じ種類の鉱物です。

　緑は大地のエネルギー、赤い斑点は魔を寄せつけない色という考えから「絶対の力」が宿った石として、印章や首飾りに使われ身につけられていました。

　また、イエス・キリストが磔刑にされたとき、十字架の下にあった緑色のジャスパーにイエスの血が滴り、染み込んだ石とも信じられていました。

　エジプトのヘリオポリスで多く産出されることから、ギリシャ語で太陽を表す「ヘリオス」に由来し「ヘリオトロープ」とも呼

ばれています。

パワー　緑と赤のコントラストで活力を高める

　守護力が強く、持ち主の心身を見守ってくれる石です。赤のエネルギーが作用して血液の循環をよくし、闘争心や野心を高め、目標に向かってまっすぐに進むことができます。逆境に負けない精神力を養い、困難を乗り越えるための力を与えてくれるでしょう。献身を象徴する石でもあり、持ち主に包容力とやさしさを芽生えさせます。愛する人に惜しみない愛を与えることで、より深い愛が戻ってくるでしょう。

　また、アクセサリーとして身につけると、魅力が増すといわれています。ローマの迷信では「太陽の力を変える力を持つ」とされてました。中世ヨーロッパでは、身につけると血を流さないとして、戦場に赴く兵士たちのお守りにも使われていました。

使い方　困難を乗り越え、前進したいときに

　元気のないとき、苦しくて泣きたいとき、プレッシャーに悩んでいるとき、エネルギーが落ちたと感じたときに。疲労やけがの回復、健康増進にも効果的とされます。

[取り扱いの注意点]
水、紫外線に強い石です。
[相性のよい石]
ジャスパー、ハウライト
[浄化方法]
流水、日光浴、セージ
[対応する星座＆チャクラ]
牡羊座・天秤座・魚座／第1・4チャクラ

―― Stone Message ――
大切なのは心を前向きにして、勇気を持って進むことです

Blue Chalcedony
ブルーカルセドニー【青玉髄】
あおぎょくずい

やさしい気持ちを与えてくれる半透明の石

- 色：青色、淡青色
- 産地：ブラジル、ウルグアイ、インド、インドネシア、アメリカ、中国、南アフリカ、ナミビア
- 結晶系：三方晶系
- 成分：SiO_2
- 硬度：7

《Keywords》
**大らかな精神状態に導く
心の壁と偏見を取り除く**

特徴 装飾品として用いられていた瑪瑙の仲間

　薄い青色をしたカルセドニーです。天然のクオーツ（水晶）は大きく2種類に分けられますが、肉眼で見える大きな結晶のものを「水晶」と呼び、目に見えない小さな結晶の集合体を「カルセドニー」と呼んでいます。

　良質な青い石がギリシャのカルセドンで採れたことが名前の由来といわれており、もとはカルセドニーといえば青色のものをさしていましたが、その後さまざまな変種が発見されたため、色や模様などの特徴により呼び分けられるようになりました。ほかにカルセドニーには、縞状の層を持つ「アゲート」、赤みが強い「カーネリアン」、褐色からオレンジ色の「サード」、緑色をした「クリソプレーズ」などがあります。

パワー　思いやりの心を育て人間関係を円滑にする

　肉体と精神の調和、リラックス、愛情などをもたらす石です。持ち主の恐れや憂鬱さなどのネガティブな考えを取り去り、人生に対する喜びと、人を愛する心の豊かさを得ることができるよう導きます。愛情をはぐくみ、やさしい気持ちで人と接することができるようにサポートしてくれます。心に献身と善意をもたらし、人間関係の改善にも効果があります。

　またこの石は、進歩的な考えをうながし、自らの価値を認めて改善していく手助けをしてくれます。さらに、言語能力を刺激し、コミュニケーション能力を高めてくれるでしょう。

　ブルーカルセドニーは古代ローマの月の女神・ディアナに捧げられた石でした。ディアナは特に農民からの信仰が厚く、この石は雨乞いなどの天候にまつわる儀式に用いられてきたそうです。

使い方　おだやかな気持ちで人と接したいときに

　やさしい気持ちになりたいとき、小さなことにこだわりすぎているとき、人間関係をスムーズにしたいとき、自信がないとき、コミュニケーション能力を高めたいときに。

[取り扱いの注意点]
紫外線に弱いので、長時間の太陽光は避けてください。
[浄化方法]
月光浴、セージ、クラスター
[対応する星座＆チャクラ]
蟹座・射手座／第5チャクラ

Stone Message
小さなことにこだわるのをやめ、大きな心で現状を見つめましょう

Blue Lace Agate
ブルーレースアゲート【空色縞瑪瑙】

人間関係を良好にする、おだやかなパステルブルー

- 色：青色、淡青色
- 産地：ブラジル、南アフリカ、インド、ネパール
- 結晶系：潜晶質石英
- 成分：SiO_2
- 硬度：7

《Keywords》
緊張をほぐしリラックスする
友愛と博愛をはぐくむ

特徴　空色の美しいレース模様が特徴

　空色の美しいレース模様が特徴のやさしい色あいの石。アゲートのなかでも、淡い青色のレースのような模様が見られるものをブルーレースアゲートといいます。アゲートはカルセドニーという石に縞模様が入ったもので、アメジストやクリスタルと同じクオーツ（水晶）の仲間です。

　青色地に入った白の模様が、レースがまるではためいてるように見えることから名付けられました。チベットでは「神の石」として大切にされ、古代より護符として用いられていました。

パワー　信頼の絆を深める平和のエネルギー

　水色と白色の色調が、神経の高ぶりを抑え、冷静さを取り戻さ

せるパワーを持っています。平和なエネルギーに満たされているので、おだやかな気持ちを導いてくれます。

　友情と清らかな愛情の石でもあり、身につけることでお互いの気持ちが通じあい、信頼感を高めることができます。特に、友情を深める効果があるので、友人とケンカをしたときなどに仲直りの助けとなります。誤解を解き、絆をより深いものにしてくれます。人間関係の緊張をやわらげる効果が高く、相手をよく観察できるリラックスした状態をつくり、そつのない対応や引き際のタイミングを教えることで、対人関係を良好にしてくれます。苦手な人と協調しなければならないときにもおすすめです。

　また、危険を回避する力にも優れており、他人からの攻撃などから保護してくれます。ヒーリング効果も高く、のどや肺の通りをよくして風邪を予防するといわれています。

使い方　人付き合いをよくしたいときに

　リラックスしたいとき、人間関係を円滑にしたいとき、信頼感を高めたいときに。他人の言動に過剰に反応してしまうとき、がさつな行動をしがちなときに。友情のお守りとして。

[取り扱いの注意点]
水、紫外線に強い石です。
[相性のよい石]
カーネリアン、ローズクオーツ、オニキス、パール
[浄化方法]
流水、日光浴、セージ
[対応する星座＆チャクラ]
射手座・魚座／第5チャクラ

―― Stone Message ――
リラックスして、自分自身とコミュニケーションしてください

Prehnite
プレナイト【葡萄石】

理解する力を高めるマスカットクリスタル

- 色：緑色、白色、黄色
- 産地：オーストラリア、インド、イギリス、アメリカ、南アフリカ、カナダ、フランス、イタリア、ドイツ、ロシア、チェコ、中国
- 結晶系：斜方晶系
- 成分：$Ca_2Al\ [(OH)_2\ |\ AlSi_3O_{10}]$
- 硬度：6～6.5

《Keywords》
**粘り強くものごとに取り組む
真実を見極める**

特徴 大佐が発見した色も形もまさにぶどうの石

　マスカットグリーンに似た淡い緑色の石。和名ではぶどう石と呼ばれ、その名の通り、ぶどうの塊のような結晶をつくります。

　鉱物学者で後に世界的地質学者となったウェルナーが発表した石ですが、発見したのは鉱物収集が趣味だったオランダ陸軍のプレン大佐。プレナイトという名前は、大佐の名前に由来して命名されたそうです。

　淡緑色以外にも、黄色や灰色、白色、無色などがあり、半透明で弱い光沢が特徴です。火山岩中の隙間にカルサイトやゼオライト、ペクトライトなどの石と一緒に産出します。緑色が美しいものはカボションカットされ、装飾品に用いられています。

パワー 「見抜く」パワーで正しい方向へ導く

一見、おだやかな雰囲気ですが、粘り強さを象徴する、芯の強さを持った石です。持つ人の忍耐力を養い、エネルギーが正しい方向へ向くようサポートしてくれます。さまざまなものごとに対して、あきらめない気持ちと粘り強さを引き出し、根気よく取り組む力が身につきます。

プレナイトは、相手の本質を見抜くことができる「真実を見抜く石」とも呼ばれています。思考をクリアにし、冷静な判断力を身につけてものごとの本質をとらえられるようサポートします。恋人や家族の気持ちがわからないときや、不安や疑いを抱えているときに、この石が力を貸してくれるでしょう。

感情と理性のバランスを保ち、思考をクリアにしてくれます。疑心暗鬼になっているとき、正しい判断ができずに苦しんでいるときにも身につけるとよいでしょう。

使い方 相手をよく理解し、絆を深めたいときに

思考力を高めたいとき、周囲と調和したいとき、本質を見極めたいときに。食欲が減退したときや夏バテ、疲れたときにもおすすめです。

[取り扱いの注意点]
水、紫外線に強い石です。
[相性のよい石]
アパタイト、アベンチュリン、ロードナイト
[浄化方法]
流水、日光浴、クラスター、セージ
[対応する星座&チャクラ]
天秤座／第3・4チャクラ

Stone Message
問題を先延ばしにしないで、その裏にある真実を見ましょう

Fluorite
フローライト【蛍石(ほたるいし)】

さまざまな色彩で暗闇に希望の光をともす

- ●色：緑色、紫色、黄色、ピンク色、無色
- ●産地：アメリカ、中国、イギリス
- ●結晶系：等軸晶系
- ●成分：CaF_2
- ●硬度：4

《Keywords》
高次元の精神を引き出す
ストレスからの解放

特徴　生活と芸術に貢献する光る石

　紫外線や熱を加えると不思議な光を放つ石。その様子が蛍に似ていることから「蛍石」の和名が付けられています。溶けやすい性質を持つことから、名前はラテン語の「fluere(流れる)」に由来しています。カラーバリエーションがとても豊富で、緑色や白色、「ブルージョン」と呼ばれる紫色、白色、黄色の縞模様が入ったもの、さまざまな色が入り交じったものがあります。

　フローライトはまた、見たり宝飾品として楽しんだりするだけでなく、身のまわりのさまざまなものにもよく利用されています。フッ素の原料にもなっていて、フライパンなどのテフロンコーティングになったり、陶磁器やガラスの原料や、顕微鏡などの特殊なレンズになったりと、幅広く活躍する石でもあります。

パワー　精神をサポートする「目覚め」のクリスタル

　闇をやさしく照らす蛍のように、未来への指標を示してくれる希望のパワーに満ちています。精神を集中させたり直感力を高めたりしてくれ、問題を抱えて出口が見えないときに、突破口を導き出してくれます。アイデアやひらめきを助け、思わぬ思考を引き出すでしょう。落ち込んだときには、前向きになる気持ちをサポートする力があります。

　フローライトは色によっても効果がいろいろ異なります。黄色は知性と創造力を高めます。緑色は精神面での成長をサポートし、人間的な成長を助けます。紫色は直感力やひらめきを高め、青色はグラウンディング（地に足をつける力）を安定させて、精神の統一をうながします。白色はチャクラのバランスを保ち、平和で明るい気持ちにしてくれます。

使い方　未熟な部分を成長させたいときに

　行き詰まったとき、ストレスが多いとき、人間的な未熟さを感じるとき、体調を整えたいときに。

[取り扱いの注意点]
紫外線や強い光、衝撃に弱い石です。
[相性のよい石]
カーネリアン、スギライト、スモーキークオーツ、ペリドット、ローズクオーツ
[浄化方法]
流水、月光浴、セージ
[対応する星座＆チャクラ]
山羊座・魚座／第6チャクラ

Stone Message

感情的なものから離れ、自由な流れに身をまかせましょう

Hematite

ヘマタイト【赤鉄鉱(せきてっこう)】

光を反射し、すべてを映し出す戦士の護符

- 色：黒色、灰黒色
- 産地：イギリス、イタリア(エルバ島)、ブラジル、オーストラリア、インド、メキシコ、キューバ、カナダ、アメリカ、ドイツ、中国
- 結晶系：六方晶系
- 成分：Fe_2O_3
- 硬度：5～6.5

《Keywords》
危険や邪気から身を守る
精神と生命体をサポートする

特徴　鉄の原料として最も重要な石

　メタリックな外観が特徴の、黒みを帯びた石です。切断したり、結晶をこすりつぶしたりすると赤くなることから、ギリシャ語の「heima(血)」を語源としています。鉄が約70％も入ったこの石は、鉄の原料として重要な鉱物とされています。

　結晶は赤褐色の層状が多く、そのほかに薄い鱗状の結晶が集まった「雲母鉄鉱」、板状の結晶がバラの花びらのように集まった「アイアンローズ」の3タイプがあります。雲母鉄鉱とアイアンローズは、黒くダイアモンドのような輝きを放つことから、古代バビロン時代には「黒いダイヤ」と呼ばれ、宝石として用いられてきました。

パワー　生命力を活発にし、自信と勇気を与える

　戦いの神マルスと結びつきがあると考えられたことから「戦いを勝利へ導く石」と呼ばれ、戦場へと赴く兵士の守護石として用いられていました。困難を乗り越えて、願望を達成する力を与えてくれるでしょう。生命力あふれるパワーがあるため、精神と肉体のエネルギーを活性化し、バランスを調整してくれます。心のエネルギーを増幅させて、自信を持って積極的に行動することをうながします。心身に付着したネガティブなエネルギーをポジティブなエネルギーに変えてくれ、ストレスの軽減や、心と身体のデトックス効果が期待できます。また、別名「身代わり石」とも呼ばれていて、危険が迫ったときに血のような赤色が現れ、代わりに危険を受けてくれるといわれています。出血を止めたり、ケガなどの炎症を鎮めたりする効果もあります。内部の赤い色は血のエネルギーを持ち、貧血や生理痛に効果があるとされています。

使い方　感情のコントロールをしたいときに

　イライラしたとき、感情の起伏が激しいときに。健康やトラブルや危険から身を守るお守りとして。血行促進やけがの回復、月経時の苦痛をやわらげる効果があるといわれています。

[取り扱いの注意点]
水、紫外線に強い石ですが、結晶の種類によりもろいものもあります。
[相性のよい石]
アベンチュリン、ルチルクオーツ、カーネリアン、ユナカイト
[浄化方法]
流水、日光浴、クラスター、セージ
[対応する星座＆チャクラ]
牡羊座・蟹座・獅子座／第0・1チャクラ

― *Stone Message* ―
エネルギー不足だと感じたら、大地の上を散歩してみましょう

Peridot
ペリドット【橄欖石】

内面を輝かせる太陽神の象徴

- 色：黄緑色、緑色、褐緑色
- 産地：アメリカ(アリゾナ州、ニューメキシコ州、ハワイ州)、中国、ミャンマー、パキスタン、メキシコ、オーストラリア、ノルウェー、ブラジル、ケニア、フィンランド、ロシア
- 結晶系：斜方晶系
- 成分：$Mg_2[SiO_4]$ と $Fe^{2+}{}_2[SiO_4]$ の個容体
- 硬度：6.5〜7

《Keywords》
**深い知恵と分別を与える
明瞭さと美しさをもたらす**

特徴　古くはトパーズと呼ばれたオリーブ色の石

　美しい黄緑色が特徴の8月の誕生石です。石の色が食用のオリーブに似ていることから、ラテン語の「oliva(オリーブ)」に由来するオリビンという名を持っています。鉱物学ではオリビン、宝石学ではペリドットと呼び分けられているのが一般的です。和名の「橄欖」はオリーブを意味していますが、実は誤訳で、実際はベトナム産のカンラン科の果木のことをさします。その原因となったのは、聖書の漢訳でオリーブを訳すときにこの字があてられたためでした。また、強い輝きを放つ複屈折の特性を持ち、その色と輝きから「イブニング・エメラルド」の別名も持っています。

ギリシャ語で黄金石を意味するペリドットは、古代ギリシャとローマ時代にはトパーズと呼ばれていた歴史があります。

パワー　注目度や信頼度を高める太陽パワー

　古代エジプトでは国家の象徴「太陽の石」として崇められた石です。まるで太陽のような明るさとパワーで暗闇に希望をもたらし、ネガティブなエネルギーを取り除き、夢を実現させます。心身を癒し、前向きに生きられるよう力強くサポートしてくれるでしょう。「自分に責任はない」といった逃避的な考えを取り除き、自分の過ちを素直に認めて前進していくことを助けてくれます。その明るい輝きで、持ち主の内面の輝きや魅力を引き出しますので、異性や周囲の人から注目を集めることができます。

　また、「暗黒の波動を打ち砕く石」とも呼ばれ、古くから悪魔よけとしても用いられていました。暗闇への恐怖を吹きとばし、邪悪なものを跳ね返して深い知恵と分別を与えてくれます。

使い方　明るさや軽さをもたらしたいときに

　暗い考えにおちいったとき、嫉妬や恨み、怒りを捨てられないときに。社交性を高めたい、リーダーシップを発揮したいときに。

[取り扱いの注意点]
水や熱に強い石です。
[相性のよい石]
フローライト、マラカイト、ムーンストーン、ロードナイト
[浄化方法]
日光浴、流水、セージ
[対応する星座&チャクラ]
乙女座・天秤座／第4チャクラ

―― Stone Message ――
自分のなかの弱い部分を認め、そこに心の光を灯してみましょう

Hawk's Eye
ホークスアイ【青虎目石／鷹目石】
(あおとらめいし／たかめいし)

護符として愛用された「心眼を開く石」

- ●色：灰青色
- ●産地：アメリカ、南アフリカ
- ●結晶系：六方晶系
- ●成分：$Na_2Fe^{2+}3Fe^{3+}2[OH|Si_4O_{11}]_2$
- ●硬度：7

《Keywords》
**深い洞察力をもたらす
邪悪なエネルギーを跳ね返す**

特徴　黒地に青い目が輝く神秘的な石

　深く濃い青や緑が混ざり合ってシルクのように輝く石です。ホークスアイは、タイガーアイの仲間で、クロシドライト（青石綿）にクオーツ（石英）が染み込んで青く変色したものです。別名は「ブルータイガーアイ」。灰青色に黒の縞模様があるのが特徴で、青色が光線状に美しく光っています。

　カボションカットをすると、光線の反射から鷹の目のように見えることから名付けられました。同種のタイガーアイは、クロシドライトが酸化し黄色っぽくなったものです。

パワー　獲物を狙う動物のごとく冷静さを養う

　ホークスアイは「天空を翔る鷹」とも呼ばれ、決断と前進を意

味する石です。大空を優雅に舞いながら獲物を狙う鷹のように、鋭い観察力でものごとの本質や、自分の長所、短所に気づかせてくれます。高い視点から全体を眺めることによって、ものごとがより広い視野で見渡せるようになり、洞察力や直観力が研ぎ澄まされます。その結果、正しい決断ができるようになり、未来をも見通す目が養われ、さまざまな気づきがもたらされます。客観的な判断が必要なときなど、この石が役に立ってくれるでしょう。大地のエネルギーとつながる第1チャクラと関連していて、グラウンディングにも最適です。

ホークスアイはまた、持つ人に知恵を与え、危険を回避する能力を与えるとされています。その強力なエネルギーから、古くは広く護符などに使用されていました。この石の持つ黄金のエネルギーは、さまざまな邪悪なマイナスエネルギーを跳ね返し、精神や身体をしっかり保護してくれます。心身の健康を守ることで、はつらつとした行動力がもたらされるでしょう。

使い方 冷静さやシャープさが必要なときに

自分自身を深く理解したいとき、人生の対処に困ったとき、冷静さを取り戻したいとき、情動的な行動が多いと感じたとき、勉強時に。

[取り扱いの注意点]
水、太陽光に強い石です。
[相性のよい石]
アマゾナイト、ラリマー
[浄化方法]
流水、日光浴、月光浴
[対応する星座&チャクラ]
水瓶座／第1・6チャクラ

― Stone Message ―
自分の周りで起こっていることに、いつも敏感でいてください

Boji Stone
ボージーストーン 【リモナイト／褐鉄鉱(かってっこう)】

陰陽のバランスを取るニューエイジクリスタル

- 色：灰色、茶色、黄褐色、黒色
- 産地：アメリカ
- 結晶系：斜方晶系
- 成分：$FeS_2 + FeOOH$
- 硬度：5.0～5.5

《Keywords》
**現実と霊的なもののバランスを取る
身体のエネルギーレベルを上げる**

特徴　ネイティブアメリカンの聖地から来た賢者の石

　化石からできた独特の模様と、鉄のような風あいを持つ石です。アメリカのカンザス州のワイディゴ族と呼ばれるネイティブアメリカンの聖地の山で採掘され、多くのクリスタルヒーラーやセラピストたちの間で人気があります。

　ボージーストーンは、古代の海洋生物が化石となり、黄鉄鉱化して生まれたものといわれています。もともとは海底の泥のなかでつくられたもので、風雨にさらされて石の表面が酸化し、独特の模様が形成されました。

　この石には男性石と女性石があるとされ、男性石はゴツゴツしていて、女性石は表面に凹凸がなくなめらかなのが特徴です。通常は2つの石が一組で売られています。石のなかに酸が含まれ変

色しやすいため、流通しているものの多くは、表面が黒っぽく特殊加工されています。

パワー　陰陽のバランスをとり、細胞を活性化

　ボージーストーンは、欧米のヒーラーたちの間で絶大な支持を得ている、高度なヒーリングストーンです。ヒーリングには男性石と女性石をペアで使い、通常は男性石を身体の左側に、女性石を右側に使用します。陰陽のバランスの取れたエネルギーを含むこの石を、身体の適切な位置に置くことで細胞が活性化され、痛みや苦痛をやわらげるといわれています。

　ボージーストーンはまた、あらゆる面で効果的なバランスを取るとされる石です。現実と霊的なもののバランスを取る力を引き出し、グラウンディング（地に足をつけること）を助ける効果もあります。また、隠れた問題を表面化させ、正面から問題に取り組んで、解決するように導きます。常に前向きな思考になることで、バランスの取れた豊かな人生に向かうことができるでしょう。

使い方　日常の疲れからくる心身の不調を感じたときに

　身体が疲れたとき、精神的なバランスが乱れたとき、グラウンディングしたいとき。

[取り扱いの注意点]
水や塩などに弱い石です。
[相性のよい石]
クリアオーツ、シャーマナイト
[浄化方法]
日光浴、月光浴、セージ、クラスター
[対応する星座＆チャクラ]
第1チャクラ

― *Stone Message* ―
複雑な問題の背後にある、あなたの思いに目を向けてみましょう

Column 7

神話や伝説に登場する石

昔の人々がパワーストーンに不思議な力があると信じた背景には、神話や伝説が深く関係しています。神々のエピソードや人類の誕生にまつわる話には、数多くの石が登場しています。

美少女の化身とされた「アメジスト」

　アメジストの名前の由来は、ギリシャ神話に遡ります。ある日、酒神「バッカス(デュオニソス)」が酔った勢いとうさ晴らしに、最初に出会った人間を獣に襲わせようと待ち伏せをしていました。そこへたまたま通りかかったのが、美しい女官「アメジスト」でした。驚いたアメジストは、月の女神アルテミス(ディアナ)に助けを求めます。すると天から見ていたアルテミスは、アメジストに魔法をかけ純白の水晶に変えて、彼女を守りました。

　その後、酔いから覚めたバッカスは、罪を懺悔してその水晶に極上の葡萄酒を注ぎます。すると、水晶はアッという間に紫色に変わりました。この神話から、アメジストには魔よけの力があるといわれ、ギリシャ語の「amethystos(酒に酔わない)」から、「アメジストでできた盃で酒を飲むと悪酔いしない」といわれています。

愛と美の神から生まれた「ローズクオーツ」
　ギリシャ神話に登場する美と愛の女神「アフロディーテ」は、海の泡から誕生したといわれています。彼女のあまりの美しさを讃えるために、神々はバラの花をつくりだしました。アフロディーテが歩くたびに、大地からバラ（ローズ）の花が咲き乱れ、このことからローズクオーツはアフロディーテの石といわれるようになりました。
　また、アフロディーテの甘やかな吐息にクリスタルがピンク色となり、ローズクオーツが生まれたともいわれています。

空の色を表す「サファイア」
　古代ペルシア人はサファイアを「天の石」と呼び、空が青いのはサファイアの色を反射しているからと考えていました。また、古代ギリシャでは、預言の神、太陽神「アポロン」の石とされていました。崇拝者たちが助けを求めにアポロンの神殿へ訪れる際、アポロンへ捧げられたのがサファイアだったといわれています。

狩人の夢から見つかった「オパール鉱山」
　狩人が昼寝をしていたところ、夢のなかで虹のようにきらめくカンガルーを見つけました。狩人はその見事なカンガルーを仕留めてやろうと得意の槍を片手に、一心に駆け出します。長い追いかけっこの末、ようやく赤い丘まで追い詰め、見事、獲物を仕留めることができました。さんざん走り回ってお腹のすいた狩人は、すぐさま火をおこし、お腹いっぱい食べました。その肉はとてもやわらかくておいしかったものの、さすがに一度では食べきれず、狩人は丘の上に穴を掘って残りの肉を埋め、目印に槍を立てました。
　ここで狩人は夢から覚めました。夢があまりにリアルな感覚として残っていたので、きっと何かのお告げに違いないと、狩人は夢のなかで追った道をそのとおりに駆け出しました。すると、すべて夢に見たままのとおりの丘があり、そしてそのてっぺんには、なんとちゃんとあの目印の槍が立っていたのです。その場所を夢中で掘っていくと、土のなかから出てきたのは肉ではなく、すてきに輝く7色の石でした。
　世界有数の鉱山を持つオーストラリアの原住民アボリジニに伝わる伝説で、オパール鉱山のはじまりはここからといわれています。

Malachite

マラカイト【孔雀石(くじゃくせき)】

肉体と精神の解毒作用を持つヒーリングクリスタル

- 色：緑色、濃緑色、淡緑色
- 産地：コンゴ、ナミビア、ロシア、アメリカ、メキシコ、ザンビア、オーストラリア、中国
- 結晶系：単斜晶系
- 成分：$Cu_2[(OH)_2|CO_3]$
- 硬度：3.5～4.5

《Keywords》
邪気を跳ね返す
肉体と精神を癒す

特徴　孔雀の羽を持つ古くより使われていた石

　紀元前4000年頃から採取され、深い緑色と独特の縞模様が特徴の石です。くすんだ緑色がゼニアオイと呼ばれる植物の葉に似ていることから、その植物を意味するギリシャ語の「malache」が名前の由来です。また和名の孔雀石は、石の模様が孔雀の羽模様に似ていたことにちなんでいます。

　粉末にしても鮮やかな緑色を保つことから顔料として使用され、「石緑青(いわろくしょう)」という岩絵具として使われています。日本では、江戸から明治にかけて良質のものを採ることができ、印籠や簪玉に加工されていました。

パワー 邪気をはらい、洞察力を高める

　マラカイトは、肉体と精神に対して強い解毒作用を持つ石です。ストレスや緊張などに高いヒーリング効果を発揮し、痛みや苦痛を吸収する力があります。体力の回復を助けながら安眠をもたらすので、不眠が続くときにもおすすめです。

　洞察力を高め、ものごとの成り行きを予見しながら、安全な方向へと導いてくれます。クレオパトラがアイシャドーとして使用していたとされていますが、美しさを際だたせる以外にも、相手の心を見抜く力を高めるために使っていたとされています。

　邪気を跳ね返すパワーが強い石で、危険が迫ると2つに割れるといわれています。動物の鋭い眼のような縞模様には、強力な魔除けの力があるとされ、ヨーロッパでは、古くから赤ちゃんや子どものお守りとしてゆりかごに結びつける習慣がありました。持つ人に危険を感知させ、災いをもたらすものを遠ざけ、本当に必要な人やものとの真のかかわりを持つようにサポートしてくれます。

使い方 疲れやすくスタミナが不足しているときに

　スタミナ不足のとき、ストレスの緩和に。危険を回避するお守りに。

[取り扱いの注意点]
水に弱い石です。
[相性のよい石]
コーラル、アンバー、ローズクオーツ、ブルーレースアゲート
[浄化方法]
日光浴、クラスター
[対応する星座＆チャクラ]
牡牛座・蟹座・射手座／第3チャクラ

Stone Message
あなたの意志を、エゴではなく、より大きな愛に向けてください

Milky Quartz
ミルキークオーツ【乳石英】

おだやかなエネルギーで調和を生み出すピュアクリスタル

- 色：白色
- 産地：ブラジル、スペイン、チリ、マダガスカル、ロシア
- 結晶系：六方晶系
- 成分：SiO_2
- 硬度：7

《Keywords》
**慈愛とやさしさをはぐくむ
調和のエネルギーを高める**

特徴　ピュアな白さはインクリュージョンによるもの

　乳白色やクリーム色をした不透明なクオーツ（水晶）です。雪のような白さのため「スノークオーツ」と呼ばれることもあります。乳白色となる濁りの原因は、気体や液体などが結晶内に含まれることにあります。なかには、「ルチル」という鉱物が含まれることで、スター効果（数本の帯状の光が星のように見えること）を表すものもあります。

　色は乳白色のほかに、ひとつの結晶のなかに透明な部分と乳白色の半透明の部分が共存するものもあり、無色透明な水晶と一緒に産出されることもしばしばあります。

パワー　すべての人があたたかくなれるやさしい石

　自己を慈しみ、すべてのものに惜しみない愛を注ぐ、愛と調和に満ちたパワーを持っています。自分とかかわる人たちにあたたかい愛情を注ぐことによって調和を生み出し、あらゆることをよい方向へ導いてくれます。

　鏡のように自分の心を映し出す効果もあるので、他人と比較して自分を卑下する気持ちをぬぐい去り、他人と自分の個性の違いを認識させ、才能を伸ばすようにうながします。人になかなか心を開けないときや、他人と自分を見比べてしまうときなどに、自分の足りないものに気づかせ、無理のない行動を取れるようサポートしてくれるでしょう。

　また、浄化の作用にも優れており、体調を改善するヒーリング効果で体内の不純物を排除し、免疫力をアップさせてくれます。シルクのように繊細でやわらかい波動を持つため、水晶が苦手な人でも安心して持つことができます。

使い方　おだやかな日々を送りたいときに

　新しい環境に早くなじみたいとき、状況の変化を求めているときに。体力や免疫力が低下したときに。透明の水晶が苦手な人にもおすすめです。

[取り扱いの注意点]
太陽光による浄化は短時間にとどめましょう。持ち主の思いを吸収しやすいので浄化は頻繁に行いましょう。
[相性のよい石]
スモーキークオーツ
[浄化方法]
月光浴、流水
[対応する星座＆チャクラ]
蟹座／第7チャクラ

―― *Stone Message* ――
あなたのなかで不当だと思うことに光を当ててみましょう

Moonstone
ムーンストーン【月長石】
げっちょうせき

月の光とパワーを宿した女性のシンボル的クリスタル

- 色：無色、白色、灰色、橙色、淡緑色、黄色、褐色、淡青色
- 産地：スリランカ、インド、マダガスカル、ミャンマー、タンザニア、アメリカ、北朝鮮
- 結晶系：単斜晶系
- 成分：K [AlSi$_3$O$_8$]
- 硬度：6〜6.5

《Keywords》
女性性を高める
潜在能力を引き出す

特徴　サンストーンと対照的な神秘的で青白い光

　やわらかな青白い光を放つ、パールと共に6月の誕生石です。石の表面に出る光の筋が月の光に見たてられ「月の石」と呼ばれています。その名のとおり、古くから神秘的な月とのかかわりが深い石で、世界各国で親しまれてきました。乳白色から半透明、無色の石で、ベージュ色やオレンジがかった色、黄色や青色、灰色、緑色、ピンク色、黒色などさまざまな色があります。なかでもブルーのつやのある、無色透明のものは最高品質とされています。

　ムーンストーンが放つ淡い月光のような独特の光は、2種類の鉱物が重なり合う特殊な構造により生まれたもの。ほかにも七色の光を放つものがあり、それは「レインボームーンストーン」と

呼ばれています。

パワー　夜空を照らす月の光で幸福を呼び込む

ムーンストーンは月のエネルギーを宿した神秘的な石として、水晶と並んで古くから人々にさまざまな癒しをもたらしてきました。月は女性性を象徴することから、特に女性をサポートする力に優れているといわれます。やさしく大きな愛情をはぐくみ、女性性を高め、恋の成就にも効果的。また、生理痛や更年期障害の悩み、出産などにもよいとされます。

「予言と透視の石」とも呼ばれ、未来の予知能力をもたらし、霊的能力や直感力を高めるパワーがあります。古代インドでは、神官が満月の夜にこの石を口に含んで神託を授かったそうです。インスピレーションを高め、感受性を豊かにすることで、自分のなかに眠っている能力を引き出してくれるパワーもあります。

使い方　目に見えない情報をとらえたいときに

精神力や霊的能力を高めたいとき、恋人との絆を深めたいとき、本来の自分を明確にしたいときに。女性特有の不調の回復や旅行のお守りにも。

[取り扱いの注意点]
水、紫外線に強い石です。満月の夜に月光浴を行うのも効果的です。
[相性のよい石]
クリソプレーズ、サンストーン、パイライト、モスアゲート
[浄化方法]
日光浴、月光浴、流水
[対応する星座&チャクラ]
蟹座・乙女座・天秤座・山羊座・魚座／第4チャクラ

― Stone Message ―
新しいスタートのときです。心をクリアにして、一歩踏み出してください

Meteorite

メテオライト【隕石】
ふりがな：いんせき

何万光年もの時を超えて届いた宇宙のパワー

- 色：褐色、灰黒色、黒色
- 産地：オーストラリア、アメリカ、メキシコ、中国、ロシア、南極大陸
- 結晶系：主に岩石のため不定
- 成分：構成要素により複数のタイプのものがあり一定しない
- 硬度：一定しないため省略

《Keywords》
霊的能力を高める
強い精神力をはぐくむ

特徴　鉄とニッケル合金でできた石の塊

　ギリシャ語の「meteoron(空の上のもの)」を語源とする隕石です。数十億年前に生成されたといわれ、当時誕生した太陽系の惑星の残留物などと考えられています。

　含まれる成分によって大きく「鉄質隕石」、「石質隕石」、「石鉄隕石」の3つに分類されます。見た目は普通の石のようですが、鉄やニッケルなど合金成分が含まれるため、カットすると金属系の輝きが出るのが特徴。なかでも、石質隕石は外見からして金属のように見えます。さらにカットすると断面に不思議な幾何学模様が現れることがあり、神秘的な雰囲気をまといます。地球の核やマントルを形成している成分に近いため、地球の構造や宇宙の謎を研究する材料として物理学者からも注目されています。

パワー　惑星のメッセージを届け願いを叶える

　メテオライトは、はるか彼方の宇宙空間から、長い時間を経て地球に届けられた神秘の鉱物です。宇宙の真理や自然の摂理、神の理念など、多くの神秘的なメッセージが込められているといわれ、非常に古くから世界中の人々に崇められてきました。

　この石は、地球の大気圏を通過するときに不純な物質をすべて燃やし尽くすため、とてもピュアなエネルギーを持ちます。地球外の星からのメッセージが含まれるため、人間や地球も宇宙の一部であることに気づかせ、人間本来の考え方や生活のリズムを取り戻させてくれます。また、霊性を高め、強い精神力を身につけることができます。宇宙という大きな観点から叡智を与えてくれ、もやもやとした小さな悩みを取り去り、願望を達成できるようサポートしてくれる石でもあります。

使い方　強い精神力を養いたいときに

　願いごとを叶えたいとき、精神力を高めたいとき、霊的能力を高めたいときに。

[取り扱いの注意点]
金属物質が含まれていることが多いため、水による浄化は避けたほうが無難です。
[相性のよい石]
オニキス、クリアクオーツ
[浄化方法]
日光浴、月光浴、セージ、クラスター
[対応する星座＆チャクラ]
第7チャクラ

Stone Message

いまの状況をもっと大きな視点で眺めると、問題解決のヒントが見つかります

Moss Agate
モスアゲート【苔瑪瑙】
こけ めのう

森林のように魂と肉体を癒すガーデンクオーツ

- 色：緑色
- 産地：インド、アメリカ(モンタナ州、オレゴン州、アイダホ州)、タンザニア、中国
- 結晶系：六方晶系
- 成分：SiO_2
- 硬度：7

《Keywords》
富と繁栄をもたらす
感情をコントロールする

特徴　植物が溶け込んだような模様で大人気

　苔状や草葉状の模様が入った、緑色のクオーツ（石英）です。模様は「クローライト（緑泥石）」や鉄、酸化マンガンなどが内包されることによるもので、内包する鉱物の種類により褐色や黒色、赤みを帯びたものもあります。

　イギリスを除くヨーロッパでは、緑色の模様を持つものをモスアゲート、それ以外の色のものをモカストーンといいますが、イギリスやアメリカでは色による呼び方の区別はありません。「ランドスケープアゲート」や「草入り水晶」と呼ばれる、緑の模様がまるで風景画のように美しく入ったものがあり、偶然の産物の芸術品として、世界的に特に人気があります。

パワー　豊かさと平和な日々を象徴する石

　植物のような模様を内包していることから、自然の恵みを与え、富と繁栄をもたらすといわれています。この地球に生まれてきたことに対する喜びや豊かさ、生きることの素晴らしさを讃え、生命や人生を大切にすることを教えてくれます。

　この石は「農業の守り神」として古代より豊作を祈願する儀式に用いられていました。植物のエネルギーを含んでいるため、農作物や花など、植物の成長をうながす効果があるとされています。

　精神的なバランスを取る力があり、エゴや執着心、余計なプライドを手放すことを助け、感情の乱れをコントロールしてくれます。素直な反省を呼び起こし、周囲を思いやる気持ちが芽生えるでしょう。我が強くて他人とうまくコミュニケーションが取れない人におすすめです。森林浴と同じ効果もあるので、心や身体を清らかで安定した状態にし、クヨクヨした感情を取り払ってくれます。

使い方　都会での生活に疲れを感じたときに

　生活に疲れを感じたとき、人間関係を改善したいとき、真のやさしさを身につけたいときに。農業や植物の栽培に携わる人のお守りとして。

[取り扱いの注意点]
水、紫外線に強い石で、特に木漏れ日による浄化が効果的です。
[相性のよい石]
アベンチュリン、セラフィナイト、ムーンストーン
[浄化方法]
流水、日光浴、セージ
[対応する星座&チャクラ]
蟹座・乙女座／第4チャクラ

Stone Message

いまあなたに必要なことは、心と身体のバランスをとることです

Morganite
モルガナイト【モルガン石】

やさしく大きな愛情を教えてくれるマザーストーン

- 色：ピンク色、ピンクがかった黄色
- 産地：ブラジル、アメリカ(カリフォルニア州)、ナミビア、モザンビーク、イタリア、マダガスカル
- 結晶系：六方晶系
- 成分：$Al_2Be_3[Si_6O_{18}]$
- 硬度：7.5～8

《Keywords》
愛の本質を教える
隠れた魅力を引き出す

特徴 含まれる成分で色も種類もまるで異なる石

　淡いピンク色をした、ガラスの光沢のある透明または半透明の石です。「ベリル（緑柱石）」という鉱物の一種で、ピンク色のものをモルガナイトといいます。ピンクの色彩は内包されたマンガンによるもので、そのやさしい色調は、特に女性に人気があります。また、同じピンク色でも、より色が濃く華やかなピンク色のものについては、「ラズベリル」と呼ぶこともあります。

　1911年にマダガスカルで発見された石です。アメリカの銀行家で、歴史上最大の美術品コレクターだったJ.P.モルガンにちなんで名付けられました。

　ちなみに、モルガナイトと同じベリルの仲間には、緑色のエメラルド、水色のアクアマリンなどがあります。

パワー 深い愛情で人間性・女性性を高める

　モルガナイトは、愛情、清純、優美さを象徴する石です。ピンク色は愛のエネルギーを持つことから、愛の本質を教え、人格に深みを持たせてくれます。愛の根源である光のエネルギーと一体化しながら、高次元の愛情をはぐくめるように手助けしてくれます。そのやさしい波動は、傷ついた心を無条件の愛で包み、前向きに生きていけるようサポートしてくれるでしょう。利己的な考えを取り去り、愛を与えること、受け取ることを教えてくれ、愛情の込もった思考と行動へと導いてくれます。

　また、隠された魅力を引き出すので、自然と自信がわいて堂々とした振る舞いができるようになります。身につけているだけで、多彩な魅力と洗練された優雅さを持つ人へと変身させてくれるでしょう。女性ホルモンの活動をサポートする作用もあるとされ、生理痛や冷え性など女性特有の悩みにも効果があるとされます。

使い方 美しさ、愛らしさ、やさしさを身につけたいときに

　恋愛を長続きさせたいとき、依存心が強いとき、ひとりで行動できないとき、魂の成長を願うときに。

[取り扱いの注意点]
太陽光に当てることは避けましょう。
[相性のよい石]
アパタイト、アメジスト
[浄化方法]
月光浴、流水、セージ、クラスター
[対応する星座&チャクラ]
魚座／第4チャクラ

Stone Message

愛の本質は光です。迷ったとき、心にあたたかい光を思い浮かべてください

Moldavite
モルダバイト【モルダウ石】

意識の進化をうながす、時空を超えた石

- 色：緑色、帯黒緑色
- 産地：チェコ
- 結晶系：非晶質
- 成分：SiO_2＋アルミナ＋その他
- 硬度：5～6

《Keywords》
**孤独や悲しみを癒す
人生の意義を教える**

特徴 チェコのモルダウ川に集中して存在する隕石

　光にかざすと透ける、ガラスのような輝きを持つ緑色や深緑色の石です。いまから約1500万年前、ドイツの南に位置するネルトリンゲンに落下した隕石によってつくられた物質とされています。ドイツ語でモルダウと呼ばれる旧チェコスロヴァキアのブルタバ川の近くで最初に産出され、その川の名前から名付けられました。

　モルダバイトは、隕石の落下で跳ね上げられた地表の物質が溶けてガラス化し、瞬時に固まったものだといわれています。独特の美しい形が神秘的に見えることから、カットせずそのまま使われることも多いようです。別名、グラス・メテオライトやボトル・ストーンとも呼ばれています。

パワー　隕石と地球の大地が融合した強力なパワー

スピリチュアルなパワーを秘めたニューエイジストーンのひとつ。大いなる宇宙の叡智を秘めた石として、生命を生み出した魂の故郷である宇宙と地球の調和をうながし、宇宙との一体感や気づきをもたらします。

ヒーリング効果が高いとされるグリーン系のなかでも、特に強力な癒しのパワーを持つ石です。その癒しのバイブレーションは、孤独感や悲しみを癒し、生命力と調和力を高め、ポジティブな気持ちにさせてくれます。

また、洞察力と感受性を高め、永遠の理想を実現するように働きかけてくれるといわれています。思考の壁を取り払い、既成概念にとらわれない考え方へと導いてくれるでしょう。輪廻転生にかかわる問題解決をサポートする力も持ち、自分が生まれた意味を知り、過去世のカルマを癒す手助けとなるでしょう。

使い方　毎日の生活に違和感を持ったときに

将来への不安やお金の問題を解消したいとき、隠れた才能を引き出したいときに。魔除けや、体内の毒素を一掃する効果もあります。

[取り扱いの注意点]
欠けやすいので、持ち歩くときには厚い布袋などに入れましょう。
[相性のよい石]
タンザナイト、ルビー、トルマリン、ムーンストーン
[浄化方法]
日光浴、月光浴、セージ、クラスター
[対応する星座&チャクラ]
第6・7チャクラ

Stone Message

小さな執着を手放すことで、あなたに大きな変化が訪れようとしています

Column 8

歴史上の人物たちが好んだ石

歴史のなかでクリスタルは世界中の美女や著名人たちを魅了してきました。ときには秘めたるパワーを高めたり、またあるときには身を滅ぼすこともあったようです。そんな語り継がれてきたエピソードをご紹介します。

クレオパトラが愛した「エメラルド」

　緑色に美しく輝く宝石「エメラルド」に魅せられた人物として特に有名なのは、古代エジプトの女王クレオパトラです。彼女のエメラルドに対する執着は大変強く、自らエメラルド鉱山を所有したほどです。自身を飾るだけでなく、気に入った男性にはプレゼントとして贈り、手柄を立てた家臣には褒美として与えていました。

　クレオパトラがエメラルドを愛した理由は、その美しさ以外にもあったようです。エメラルドは、記憶力を高め、話術を巧みにし、宇宙的な洞察力をはぐくむ石といわれます。多種多様な国民を束ね、かつ女性の身で栄光のエジプト王朝を牽引していく彼女にとって、エメラルドはむしろ、政治手腕を存分に発揮するための道具だったのかもしれません。

　1818年、長い間謎とされてきたクレオパトラの鉱山がエジプトの紅海の近くで発見されました。しかしながら、この鉱山のエメラルドは、クレオパトラによってすべて掘り尽くされていたといわれています。

時代に翻弄された真珠の女王

16世紀のスコットランドの女王、メアリー・スチュアート。5歳にしてフランス王妃となるため渡仏した彼女は、義母のカトリーヌ・ド・メディチから高価な7粒の真珠を贈られました。彼女はその真珠をこよなく愛し、まさに真珠のように美しく成長しました。

しかし、18歳で夫が病死。未亡人となった彼女は、7粒の真珠とともに故郷へ戻ります。失意のメアリーは、その後年下の美男子ダーンリー卿と結婚しますが、彼の傍若無人の振る舞いぶりに手を焼き、ついに愛人と共謀し夫を暗殺してしまいます。このことがきっかけで、国内に暴動が巻き起こり、メアリーは隣国イングランドに捕らえられ、19年間幽閉された後に処刑されてしまいます。メアリーが大切にしていた7粒の真珠は、結局はエリザベス1世の手に渡り、イングランド王室の財産となりました。

王妃を死へ追いやった「ダイアモンド」

「宝石が買えないのなら、何のために王妃になったのかわからない」というのが口癖というほど、宝石好きだったことで知られるフランス王妃マリー・アントワネット。彼女は特にダイアモンドと真珠をこよなく愛していたといわれます。マリーがつくらせた540個のダイアモンドからなる豪華な首飾りがきっかけで、王室に対する国民の不満が一気に高まり、フランス革命が起こります。

この「王妃の首飾り事件」は、実はマリーを陥れるための陰謀だったという説が有力ですが、結果的には、この一件がもとでマリーは断頭台に送られることになったのです。さらには、問題の首飾りは結局マリーの手には渡らず、バラバラに解体され、売りさばかれたということです。

著名人の名が付けられた石

文豪ゲーテはドイツ鉱物学会の創立会員で、「花崗岩について」という論文を発表するほど花崗岩好きだったといわれています。日本では針鉄鉱と呼ばれている石は、このゲーテを偲び「ゲーサイト(ゲーテ鉱)」と名付けられています。

また、鉱物のなかからラジウムを発見したキュリー夫人の名にちなんで「キュリー石」と呼ばれるものもあります。

Unakite
ユナカイト【ユナカ石】

複数の石のシナジーでやすらぎと安心感をもたらす

- 色：黄緑色＋褐色＋ピンク色＋白色＋濃緑色
- 産地：アメリカ(ノースカロライナ州)、ジンバブエ、アイルランド、南アフリカ
- 結晶系：集合構造(岩石)
- 成分：正長石、石英、緑簾石などの集合体
- 硬度：おおよそ6.5～7

《Keywords》
**トラウマや恐れを取り去る
高いリラックス作用**

特徴 ユナカ山脈が生んだ混じり合った石

　白色、濃い緑色、橙色、ピンク色などが入り混じった、鈍い光沢のあるやさしい雰囲気の石です。「クオーツ（石英）」の白色、「エピドート（緑簾石）」の黄緑色、「クローライト（緑泥石）」の濃い緑色、「フェルドスパー（長石）」の橙色やピンク色など複数の鉱物と色がひとつの石のなかに集合しながらさまざまな模様をつくり、複雑味のある個性をかもし出します。

　アメリカ・ノースカロライナ州のユナカ山が原産地であることから名付けられました。色のコントラストと模様のおもしろさを楽しむ観賞用として広く親しまれています。

パワー　おだやかなエネルギーが心の傷を癒す

　見えないものを見える形に表面化してくれるビジョンの石です。霊性と情緒とのバランスを取りながら、自分の人生や問題、心の側面など、客観的に見えるようにしてくれ、気づきをうながします。複数の石が入り混じったユナカイトは、それぞれの石が持つパワーが相互に作用し、特殊な癒し効果を発揮します。石の含有成分の大半を占める黄緑色のエピドートには、強力なリラックス効果があります。安心感を得て、他人に対して心を開けるようになり、愛情や親切を素直に受け入れる余裕が生まれるでしょう。恐怖心を取り去る手助けもしてくれます。ピンク色のフェルドスパーはエネルギーを全身に伝達、白いクオーツと緑色のクローライトは安定とやすらぎをもたらします。

　心に傷を受けたとき、その大元となる原因を探り、それにきちんと向き合い、罪悪感や恐怖感などのトラウマを取り除いて、将来についてポジティブな考え方ができるように導いてくれます。

使い方　困難に屈しない強い心をはぐくみたいときに

　緊張するとき、人前で話をするとき、つらい出来事から立ち直れないとき、ネガティブな感情をぬぐいたいときに。

［取り扱いの注意点］
紫外線、水に強い石です。
［相性のよい石］
スモーキークオーツ、セラフィナイト、ヘマタイト、ローズクオーツ、ロードクロサイト
［浄化方法］
流水、日光浴、クラスター、セージ
［対応する星座＆チャクラ］
牡牛座／第3・4チャクラ

― Stone Message ―
いま目の前にある問題は、あなた自身を変化させるためにやってきました

Lapis Lazuli

ラピスラズリ【青金石(せいきんせき)】

最強の幸運を引き寄せる、世界最古のパワーストーン

- 色：紺青色、パイライトによる金色斑の点在、母岩のカルサイトの白色部の存在
- 産地：アフガニスタン、ロシア、チリ、ミャンマー、アメリカ、アンゴラ
- 結晶系：構成する下記4種はすべて等軸晶系に属する
- 成分：$(Na,Ca)_{7\sim 8}(Al,Si)_{12}(O,S)_{24}[(SO_4),Cl_2,(OH)]$ ＋ラズライト他
- 硬度：5〜5.5

《Keywords》
幸運を呼び寄せる
第3の目を開く

特徴　海を越えてやってきた神秘的な群青色

12月の誕生石として親しまれています。「ラズライト（天藍石）」、「アウィン（藍方石）」、「ソーダライト（方曹達石）」、「ノーゼライト（ゆう方石）」が混じり合い、美しい青色をつくり出しています。黄金色の「パイライト（黄鉄鉱）」、白色の「カルサイト（方解石）」などが斑点のように入ったものもあります。ラテン語の「lapis(石)」とペルシア語の「lazward(青)」が名前の由来。岩絵具の「群青色」としても使われていました。この石を使った顔料の「ウルトラマリン・ブルー」は、はるばる海を越えてきた青い宝石という意味で、かつては石名をさしていました。

パワー　覚醒と気づきで運命をよい方向へ変える

「幸運を招く石」と呼ばれ、世界で最初にパワーストーンとして認識された石といわれています。おなじみの美しい群青色は夜空を、散りばめられた金色は星を意味し、天を象徴する石として崇められ、世界各地の神話にもよく登場します。古くは、一般人がその神秘の力を利用することを恐れ、権力者や占星術者が、独占的にこの石を用いていました。

邪気を退け、正しい判断力を高め、あらゆる強運を呼び寄せ、内なるビジョンと真実を見極める力を宿すといわれる「第3の目」を刺激します。直感力や創造力を高め、眠っている潜在能力を引き出してくれるでしょう。

また一面では、この石を持つことで、この世で越えなければならない試練が表面化し、さまざまな望まざる経験をさせられることも。試練を経ることで自分にとって正しい方向へ導かれ、生まれてきた意義を知ることができるよう、道を示してくれるのです。

使い方　もっと幸せになりたいと思ったときに

運気が落ちていると感じたとき、進むべき道に迷ったときに。気力、体力の回復にもおすすめです。

[取り扱いの注意点]
日光浴を行う場合は、短時間にしましょう。
[相性のよい石]
アクアマリン、ラリマー、タイガーアイ、ローズクォーツ
[浄化方法]
月光浴、流水、セージ
[対応する星座＆チャクラ]
牡牛座・天秤座・射手座・水瓶座／第6チャクラ

―― Stone Message ――
チャレンジを受け入れてください。それはあなたの魂を磨く宝です

Labradorite
ラブラドライト【曹灰長石】

幻想的な輝きでインスピレーションを刺激

- 色：無色、黄色、橙色、明ピンク色、淡青緑色、淡青色、黒色、青灰色(虹彩効果が加わる)
- 産地：カナダ、マダガスカル、フィンランド、アメリカ(オレゴン州、ユタ州、ネバダ州)、オーストラリア、メキシコ
- 結晶系：三斜晶系
- 成分：$(Ca\,[Al_2Si_2O_8])_{50\sim70}+(Na\,[AlSi_3O_8])_{50\sim30}$
- 硬度：6～6.5

《Keywords》
内面的な自己開発へと導く
新しい意識を覚醒する

特徴　黒アゲハチョウの羽に似た、虹色の閃光

　見る角度によって虹色に輝く不思議な石です。ムーンストーンなどの鉱物と同じ長石グループの仲間で、名前は、カナダのラブラドル半島にあるセント・ポール島で最初に発見されたことから付けられています。一見、黒っぽい石のようですが、ある方向から光が当たると、緑、青、黄、橙、ピンクなどが混じりあった、特有の幻想的な光を放ちます。この輝きは、屈折率の異なる金属鉱物の層が規則正しく重なり、光が反射、干渉を起こすことによるもの。このように光の相互作用によって起こる光彩を、石の産地にちなみ「ラブラドレッセンス(ラブラドルの光)」といいます。

パワー　眠っていた能力を目覚めさせる鋭いパワー

「月と太陽の象徴」の石といわれ、月のパワーが持つ直感力と、太陽のパワーが持つ活力をもたらします。意識を目覚めさせ、潜在能力を引き出すことで、あらゆることがスムーズに動き始めるよう導いてくれるでしょう。直感力を高めるので、相手の考えを理解できるようになったり、自分の考えに自信が持てるようになったり、よいアイデアが浮かんできたりします。

また、大きな変化や人生の転機に、意識の変革をうながす効果もあります。既成概念から解放され、信念を貫く力を高め、新たな道を歩きだす勇気を与えてくれるでしょう。目標達成のための力が必要なときにも、集中力や忍耐力を養い、サポートしてくれます。「再会の石」とも呼ばれるこの石は、ソウルメイトや、懐かしい友人など、偶然の再会をもたらす不思議なパワーもあるとされています。

使い方　信念を貫く強さや忍耐力がほしいときに

やる気がないとき、集中力を高めたいとき、真の理解者がほしいときに。人生にミラクルがほしいとき。霊的な邪気払いにもおすすめです。

[取り扱いの注意点]
水、紫外線に強い石ですが、水につけすぎると虹色の光沢が失われることがあります。
[相性のよい石]
ローズクオーツ、ムーンストーン、エンジェライト
[浄化方法]
月光浴、セージ、クラスター
[対応する星座&チャクラ]
射手座・山羊座／第4・5・6・7チャクラ

Stone Message

目の前の選択肢のなかで、最も光輝いて見えるもの。それがミラクルです

Larimar

ラリマー【曹灰針石】
そうかいしんせき

水と大空のエッセンスを含んだカリブ海の宝石

- 色：青色
- 産地：ドミニカ共和国
- 結晶系：三斜晶系
- 成分：$NaCa_2[Si_3O_8OH]$
- 硬度：4.5～5

《Keywords》
愛と平和をもたらす
精神のバランスを保つ

特徴　近年発見されたアトランティスの石

　カリブの海の色を思わせる美しい水色の石です。発見されてから数十年と日が浅い、3大ヒーリングストーンのひとつです。カリブ海に浮かぶ島国・ドミニカ共和国で産出される、ナトリウムとカルシウムを主成分とするペクトライトの一種で、正式な鉱物名は「ブルーペクトライト」。

　ラリマーは流通名で、発見した地質学者の娘の名前「Larisa(ラリッサ)」と、スペイン語の「mar(海)」を組み合わせて名付けられたものです。また、ドミニカ共和国は失われた大陸アトランティスの一部であるという伝説を持つことから「アトランティスストーン」、さらにはその色あいから「ドルフィンストーン」とも呼ばれています。

パワー　愛と調和の象徴が平和的解決へと導く

　愛とやすらぎを放つ、とても高いバイブレーションを持つ石です。青は受容性とコミュニケーションの色。自分も他人も受け入れることを可能にし、コミュニケーション能力を高めてくれるので、人間関係を円滑にし、愛情に満ちた関係性を深めるのを助けます。また、青は癒しの色でもあります。避けられない変化のなかを通り過ぎるときにともなう苦痛や困難を軽減し、前向きな力を与えてくれます。ネガティブな考えや不安を取り去り、おだやかで澄んだ気持ちにする効果もあります。

　国際的に環境保護の動きが高まった時期に発見されたことから、平和、調和、自然との共生のシンボルといわれる石です。その調和の波動は、広い心と愛情あるやさしさをはぐくみ、持つ人に平穏をもたらすでしょう。

使い方　自分自身を好きになりたいときに

　新しい環境に飛び込むとき、平和なやすらぎがほしいとき、卑屈な態度を改善したいときに。

[取り扱いの注意点]
紫外線や強い光にやや弱い石です。
[相性のよい石]
ホークスアイ、ラブラドライト、スギライト、アンバー
[浄化方法]
月光浴、クラスター
[対応する星座&チャクラ]
獅子座／第5チャクラ

Stone Message
夢を叶えるのに必要なことは、戦うことではなく、受け入れることです

Rutile Quartz
ルチルクオーツ【針入り水晶】
は り い　すいしょう

気力と活力をもたらす黄金色に輝く水晶

- 色：無色（インクルージョンのルチルの色とその密集度によって色が付いたように見える）
- 産地：ブラジル、オーストラリア
- 結晶系：六方晶系（三方晶系）
- 成分：SiO_2（包有物はTiO_2）
- 硬度：7

《Keywords》
勝負運をはぐくむ
集中力と直感力を高める

特徴　針状の線の入ったキラキラと輝く水晶

　クオーツ（水晶）が結晶化するときにルチルと呼ばれる鉱物が一緒になった、輝きの強い石です。ルチルとは「金紅石」という二酸化チタンの一種で、色は赤色や金色、黒色などがあり、結晶は針状や繊維状になりやすい性質を持ちます。その結晶が水晶に入り込んだものがルチルクオーツ（ルチルレイテッドクオーツ）です。その模様は直線状のものから曲線を描くものまでさまざま。

　水晶にルチル以外の鉱物の針状物質が入ったものもルチルクオーツと呼ばれることがありますが、本来は、このルチルが含まれた水晶を指します。また、シトリントパーズやレッドクリスタル、スモーキークオーツに針が入った珍しいものもあります。ちなみに、ルチルとはラテン語で「黄金色に輝く」という意味です。

パワー　強力な活性エネルギーで大きな成果を得る

　あらゆる障害物を取り除き、ものごとを加速させるパワーを持つ石です。クオーツ本来のエネルギーをさらに加速させたような強力な活性効果があり、気力や活力をわき上がらせます。

　また、ルチルの針は人やチャンスを呼び寄せ、目標を達成させるパワーを持ちます。集中力や直感力を高め、勝負強さをはぐくみます。たとえば競争や混乱した状況など、あらゆる場面で素早い判断力と適切な行動をもたらします。

　また持ち主の持久力を養い、真の実力が身につくようサポートしてくれる石でもあります。それにより、落ちついて力を蓄えることを可能にし、やがて大きな成果を獲得するよう力を貸してくれます。強力な守護能力も持っていますので、ネガティブなエネルギーや霊障などからも持ち主を守ってくれます。

使い方　ここいちばんの大きな勝負のときに

　人前での発表や試験などに、気力・活力・集中力・判断力を高めたいときに。

[取り扱いの注意点]
水、太陽光に強い石です。
[相性のよい石]
エンジェライト、サファイア、スギライト、トルマリン
[浄化方法]
日光浴、流水、セージ
[対応する星座&チャクラ]
獅子座／全チャクラ

Stone Message
あなたが求めている本当の癒しや変化は、許すことから生まれます

—— Ruby ——
ルビー【紅玉】
こうぎょく

勝利と愛を象徴する、情熱的な女王の石

- 色：赤色、帯紫赤色
- 産地：ミャンマー、タイ、マダガスカル、タンザニア、ケニア、ベトナム、アフガニスタン、パキスタン、スリランカ、インド、ロシア、中国、ネパール
- 結晶系：六方晶系（三方晶系）
- 成分：Al$_2$O$_3$
- 硬度：9

《Keywords》
生命力と情念を強化する
勝利と成功をもたらす

特徴　クロムによってつくられる深紅の色

　7月の誕生石として知られる、赤い石の代名詞です。ラテン語の「ruber(赤)」を語源としているこの名前は、古くは現在のルビーを含めたガーネットやスピネルなど、赤い宝石の総称として使われていました。赤みが強いほど価値が高いとされ、最高級品は「ピジョンブラッド（鳩の血）」と呼ばれる濃い赤色をしています。

　ルビーはダイアモンドの次に硬い「コランダム（鋼玉）」という鉱物に属し、同じ種類の鉱物であるサファイアとは、色の違いのみで分類されます。クロムが混ざることにより発色した赤色のコランダムをルビー、青色や紫色のコランダムを「サファイア」、さらにチタンの針状結晶を内包して星の輝きを発するものを「ス

タールビー」といいます。なお、世界で最初に人造宝石がつくられたのはルビーです。人造ルビーは、医療や工業分野でのレーザー技術に用いられています。

パワー 不屈の精神をはぐくみ勝利に導く

「勝利の石」と呼ばれ、あらゆる危険や災難から身を守り、困難に打ち勝ち、勝利へと導くパワーにあふれた石です。その燃えるような赤い色には不滅の炎が宿るとされ、健康や富を守り、満ち足りた気持ちと深い愛情に恵まれるパワーを与えます。持ち主が経験してきた数多くの体験や、学び、知識を十分に発揮できるよう精神力や集中力、判断力を高め、成功を手にするよう導いてくれます。また、ルビーは健康効果も高く、古くは生存本能や生殖機能を強くする薬として活用され、さらには媚薬として用いられていたことも。宝石界の女王として王侯貴族たちに愛され続け、インドではダイアモンド以上に尊い石として崇められていました。

使い方 困難に負けない強い気持ちがほしいときに

恋の成就を願うとき、試験のとき、体力をつけたいとき、いまの幸せを持続したいとき、魅力的になりたいときに。

[取り扱いの注意点]
水、紫外線に強い石です。
[相性のよい石]
ダイアモンド、ムーンストーン、パール、ロードクロサイト
[浄化方法]
流水、日光浴、セージ
[対応する星座＆チャクラ]
牡羊座・蟹座・獅子座・蠍座・射手座／第4チャクラ

― *Stone Message* ―
あなたの心が欲している目的や夢に向かって焦点を合わせましょう

Lepidolite
レピドライト【リチア雲母】

ソフトなパワーで、チャレンジ精神を育てる

- 色：赤紫色、紫色、帯灰紫色
- 産地：ブラジル、アメリカ(カリフォルニア州)、アフガニスタン、スウェーデン、ロシア、マダガスカル、ナミビア、ジンバブエ、中国、カナダ、チェコ、イタリア、モザンビーク
- 結晶系：単斜晶系
- 成分：$K(Li,Al)_3[(F,OH)_2|(Si,Al)_4O_{10}]$
- 硬度：2.5～4

《Keywords》
意識を変化させる
肉体と精神を解放する

特徴　無数の鱗がキラキラ光る雲母の仲間

　やさしげな淡い紫色ときらめきが特徴の石。マイカ（雲母）の一種で、トルマリンなど、ほかの石と共生して産出されることが多い石です。リチウム、アルミニウム、ケイ素が含まれており、最も多く含まれるリチウムの量によってピンクや紫、白などの色に変化します。

　大型の結晶ができることは稀で、鱗状の薄く重なった塊で発見されることが多く、キラキラとした真珠のような光沢を持っています。ギリシャ語の「lepidos(鱗)」を語源とし、日本では「鱗雲母」や「紅雲母」とも呼ばれます。

パワー　積極的な気持ちが芽生える「変革の石」

　現状を打破し、新しい状況をつくり出すための強力なパワーを持った変革の石です。その変革のエネルギーは、さまざまな意識の変化をうながして、古い思考や行動パターンを手放すよう教えてくれます。内面にひそむ自分の弱さや、隠れた力に気づかせ、再挑戦する勇気を与えてくれます。何か自信を失っているときや気力が不足しているときに、前向きな気持ちでいることを思い出させ、状況を変えていくよう導いてくれるでしょう。

　優れた癒しパワーがあり、心に平静さを取り戻させて、リラックスさせます。肉体と精神を癒し、心のバランスを整えることで、おおらかな考え方ができるようサポートしてくれます。相手を受け入れる気持ちが生まれ、恋愛や仕事の上でさまざまな対立を緩和し、よりよい人間関係を築くことができるようになります。また個性の強い石とも相性がよく、補助的に用いることでほかの石のパワーを増幅させることが可能です。持ち主と石の波長が合うと、石の色が鮮やかに変化するといわれています。

使い方　現状を変えたいと思ったときに

　眠れないとき、感情が高ぶったとき、環境が変化したとき、内側からポジティブに変わりたいと思ったときに。

[取り扱いの注意点]
水、紫外線にやや弱い石です。
[相性のよい石]
アイオライト、クンツァイト
[浄化方法]
クラスター、セージ、月光浴
[対応する星座＆チャクラ]
天秤座／第4・5・6・7チャクラ

— *Stone Message* —
目線を変えることによって、新しいやり方に気づくことができます

Rose Quartz
ローズクオーツ【紅石英(べにせきえい)】

愛と癒しのパワーを惜しみなく注ぐヴィーナスクリスタル

- 色：ピンク色、帯紫ピンク色、帯灰淡ピンク色
- 産地：ブラジル、マダガスカル、モザンビーク、ナミビア、インド、イタリア、ドイツ、イギリス、アメリカ、スコットランド、アイルランド、ロシア
- 結晶系：六方晶系(三方晶系)
- 成分：SiO_2
- 硬度：7

《Keywords》
自分自身を愛する大切さを教える
やさしさと気品をはぐくむ

特徴　愛と美の女神から名付けられた石

　繊細でやさしいピンク色をした、女性に人気の石です。愛と美の女神アフロディーテに捧げられたバラから命名されています。クオーツ（水晶）の仲間で、アルミニウムや酸化チタンなどの微細な結晶が含まれることでピンク色となり、その色から「薔薇水晶」とも呼ばれています。

　その多くは半透明のものですが、なかには透明度の高いものもあり、アクセサリーなどに使用されています。半球型にカボションカットされた良質なものには、しばしば針状の含有物が含まれることがあり、星状にクロスした輝きを発することから「スターローズクオーツ」と呼ばれています。

パワー　女性性を高め、愛を育てるパワーを与える

　無条件の愛をテーマにした、愛と美の星「金星（ヴィーナス）」を象徴する石です。女性性を高め、内面の美しさを輝かせることをサポート。恋の成就にも絶大なパワーを発揮するといわれます。出会いとチャンスを与えてくれ、精神的な潤いを与え、愛を育てるパワーを吹き込んでくれます。

　また「自分自身を許す」というヒーリング効果に優れていて、失恋による心の傷のほか、不安、恐れ、怒りなどのネガティブな感情で自分自身を傷つけようとするとき、自分を愛し慈しむことを教えてくれます。愛のエネルギーでチャーミングな魅力を増幅させる効果もあり、やさしい印象と好感度を高めてくれます。

　また、他人からの好意を受けやすくなり、さまざまな状況で満足感と心の平和を得ることができるでしょう。女性ホルモンの分泌をさかんにする作用により、美容効果があるとされています。

使い方　内面から湧きでる美しさがほしいときに

　恋愛成就のお守りとして。失恋の傷を癒したいとき、女性らしさがほしいときに。おだやかに話し合いをしたいときにも有効です。

[取り扱いの注意点]
太陽光に当てすぎると、色があせることがあります。
[相性のよい石]
カルサイト、アメジスト、フローライト、ユナカイト
[浄化方法]
流水、月光浴、セージ
[対応する星座&チャクラ]
牡牛座／第4チャクラ

Stone Message

現状に祝福を見いだし、無条件の愛を注ぎましょう

Rhodochrosite
ロードクロサイト【菱マンガン鉱】

人生をバラ色に導く、華やかで繊細なクリスタル

- 色：ピンク色、帯橙ピンク赤色、褐色、帯灰黄褐色
- 産地：アルゼンチン、アメリカ(コロラド州)、南アフリカ、メキシコ、オーストラリア、ルーマニア、ハンガリー、インド
- 結晶系：六方晶系
- 成分：Mn[CO_3]　● 硬度：3.5〜4

《Keywords》
**生きる喜びを与える
人間的魅力を引き出す**

特徴　中南米で産出が多い「インカのバラ」

　美しいオレンジ〜ピンク色で、輪切りにすると花のような模様が現れるのが特徴です。鮮やかな赤色に加え、バラのような模様もあることから、ギリシャ語の「rhode(バラ)」と「chrom(色)」が語源。インカ帝国が栄えた地アンデス山脈で多く産出することから、日本では「インカローズ」の名前でもよく知られています。マンガンの主要鉱物で、菱形の結晶系を持つため「菱マンガン鉱」と名付けられています。色は紅色や赤色、ピンク色から、灰色や褐色、黄色などもあり、透明ないし半透明のガラスや真珠のような輝きを放ちます。掘り出したときはバラ色をしていますが、長時間屋外や湿気の多いところに置くと表面が黒く変色します。

パワー　気力・恋愛力・癒しのパワーをつかさどる石

　大地や宇宙のエネルギーとつなぎ、心と魂をオープンにして、生涯を通じて生きる喜びを与えるパワフルな石です。燃えるような恋心をもたらし、永遠のパートナーに巡りあわせて結婚へと導くなど、愛に関する事柄をよい方向へとうながします。

　壊れやすいデリケートな石ですが、その繊細さゆえにトラブルを解決に導く力がそなわっています。心に傷を負った人を愛情で包み、癒しと愛、夢を与えてくれるでしょう。エネルギー補給に役立ち、ヒーリングとパワーアップを同時に行うことができます。恋愛で傷つき、異性に対して臆病になっているとき、ハートの傷をやさしく癒し、再び新たな恋へ踏み出す勇気を与えてくれるでしょう。関係がマンネリ化した恋人や夫婦の間にも、新鮮な風を吹き込みます。人生のすべてに対して情熱的に生きたいと願う人にぴったりの石です。

使い方　新しい出会いとチャンスがほしいときに

　新しい出会いを求めているとき、気力が減退しているとき、トラウマに縛られているときに。魅力や個性を引き出したいときにもおすすめです。

[取り扱いの注意点]
紫外線にやや弱い石のため、太陽光の当てすぎに注意しましょう。
[相性のよい石]
ペリドット、ターコイズ、ユナカイト、スモーキークオーツ
[浄化方法]
日光浴、流水、セージ
[対応する星座&チャクラ]
獅子座／第2・3・4チャクラ

Stone Message

あなたの創造性に影響を与えている、ブロックのパターンを手放してください

Rhodonite
ロードナイト【薔薇輝石】

愛情の表現方法を教えてくれる母性的なクリスタル

- 色：ピンク色、褐ピンク色、帯紫赤色
- 産地：オーストラリア、ロシア、スウェーデン、メキシコ、イギリス、南アフリカ
- 結晶系：三斜晶系
- 成分：(Mn,Ca)Mn$_4$[Si$_5$O$_{15}$]
- 硬度：6

《Keywords》
愛を具現化する
心身のバランスを整える

特徴　花の女王「バラ」の名前を持つ石

　赤と黒のコンビネーションが美しい、品格のある石です。洋名はギリシャ語の「rhodon（バラ）」に由来し、「バラの花の色の石」という意味を持ちます。日本では「バラ輝石」と呼ばれ、ガラスのような輝きを放つ人気の高いパワーストーンのひとつです。

　淡紅色から深紅色で、鉄の含まれる量により褐色みを帯び、マンガンの含有により黒色の斑文や筋を持つものもあります。不透明または半透明がほとんどですが、まれに透明で柱状の美しい結晶を産することがあり、なかでもオーストラリア産の鮮やかな赤色のものは「インペリアル・レッド・ロードナイト」と呼ばれます。

パワー　愛情を具現化する知恵と行動をはぐくむ

　やさしさと行動力のパワーをあわせ持つ石で、愛情の波動を高めてくれ、恋愛に対して積極的な力を与えます。心をオープンにさせ、愛情を豊かに表現することや、行動に移すことを手助けしてくれます。愛する人に自分をきちんと表現できない、嫌われることを恐れて本当の自分が出せないというときにおすすめです。また、感傷的な心の傷を癒し、こじれてしまった恋人や友人との関係の修復にも役立ちます。

　ロードナイトにはまた、情緒や感情のバランスを取る働きもあります。不安や恐怖、怒りなど、とらわれた感情を解き放ってくれます。心労などで精神が消耗したときに、身体のエネルギーを回復させ、自分を大切にすることを教えてくれます。さまざまな気づきをもたらすことから、潜在能力を高め、創造力を磨くことができるでしょう。

使い方　本当の自分を知りたい・知ってほしいときに

　恋人や友人とケンカしたとき、愛情の表現の仕方がわからないとき、子どもや老人、病人に接するとき、人をなぐさめたいときに。また、心労による老化を防ぐとされています。

[取り扱いの注意点]
水、紫外線に強い石ですが、太陽光に長時間当てることは望ましくありません。
[相性のよい石]
ローズクォーツ、ターコイズ、プレナイト、スギライト
[浄化方法]
月光浴、セージ
[対応する星座&チャクラ]
牡牛座・蟹座／第0・4チャクラ

― *Stone Message* ―
愛を持って自分の中心に帰るとき、内からの創造性がわきあがってきます

Rare Stone
レアストーン

特別な力と個性を持つレアな石たち

　レアストーンとは文字通り、希少性の高い珍しい石のことです。産出量や流通量が少なく、専門店でもなかなか入手できなかったりするので、コレクターの間ではまさに憧れの石ということになるでしょう。

　宝石の場合は、レアストーンというととても高価な場合が多いですが、パワーストーンの場合には、必ずしも値段が高いものとは限りません。パワーストーンファンにおけるレアストーンの基準は、単に鉱物としての希少性ということだけではなく、その石の持つパワーや能力の特異性、個性などに着目されることが多いので、必ずしも見た目が美しい石というわけでもないのです。

　最近になって新しく発見された石、特別な産地で見つかるもの、チャネラー(特殊能力者)により新たに特別なパワーが発見されたものなど、その基準はいろいろ。ここでは、最近話題のレアストーンの一部を紹介します。

アイスクリスタル
―― *Ice Crystal* ――

　アイスクリスタルは、全体的に半透明の石で、ごつごつとした表面が特徴です。内部に含まれる鉄分によって、ほのかな桜色をしています。

　2006年にヒマラヤ山脈で発見され、市場にまだあまり出回っていない希少な水晶です。氷河の跡で発見され、結晶が氷のような雰囲気を持つことから「アイスクリスタル」と名付けられました。

　アイスクリスタルは、温暖化によって氷河が溶けた跡で発見されたことから、地球から人間への、貴重なメッセージを含んでいるとされ、パワーストーン関係者やヒーラーたちの間で高い注目を浴びています。能力や才能といった自分のなかにあるものを引き出し、瞑想と癒しのための強力なサポートをしてくれるでしょう。霊的な悟りをもたらすことから、別名「ニルヴァーナ (涅槃(ねはん)) クオーツ」とも呼ばれています。

オレンジルチル
―― *Orange Rutile* ――

　オレンジルチルは、ブラジルの鉱山で少量しか産出されない、とても稀少価値の高いルチルクオーツの一種です。一見、きれいなオレンジ色をしていま

すが、実はベースになっているクオーツ（水晶）自体は透明の石。非常に細いオレンジ色のルチル（金紅石）が密集していることによって、石自体がオレンジ色に見えます。

　オレンジルチルを光にかざすと、キラキラとまるで太陽のような美しく力強い輝きが見られます。その強力なパワーは、あらゆるエネルギーを浄化する力があります。闇に光をもたらすように、ネガティブなエネルギーを取り除き、バランスの取れた考え方や行動、表現をもたらします。また、いろいろなものを「高める」エネルギーを持ち、金運はもちろん、人間関係でも良縁をもたらすといわれます。

スーパーセブン
— *Super Seven* —

　7種類の鉱物がひとつの石に混じった特殊な石。別名「セイクリッドストーン」とも呼ばれます。アメジスト、カコクセナイト、クリアクオーツ、ゲーサイト、スモーキークオーツ、ルチルクオーツ、レピドクロサイトという個性の違う7つの鉱物が一体となり、パワフルなエネルギーを持つ石として、熱い注目を浴びています。それぞれの鉱物の個性がひとつの石のなかで調和を保ちながら存在することから、「愛」と「調和」のとても高い波動を放出。人間関係、心と身体、自己の本質など、あらゆるものに調和をもたらします。さらに、持ち主の霊性を高め、人類愛や宇宙意識への目覚めや、一体感をもたらします。

ヒマラヤ水晶
―― *Himalayan Quarts* ――

　クオーツ（水晶）は世界各地で産出されますが、産地によりエネルギーの違いが顕著に見られます。なかでも秘境から産出された水晶には特別な力があります。人気のヒマラヤ水晶のなかでも、特に希少とされ、最も強いエネルギーを持つといわれるのがチベット・カイラス山産の水晶。もとはチベットのラマ僧が修行のためにカイラス山に登り、ひとつひとつ手で採掘してきたもの。それゆえ神聖な水晶として特別なエネルギーが宿ります。

　強い浄化力を持ち、再生能力、パワーアップや潜在能力の増幅、決断力、創造力、洞察力や霊的能力をアップ。また、心身のバランスを保ち、オールマイティにその力を発揮します。

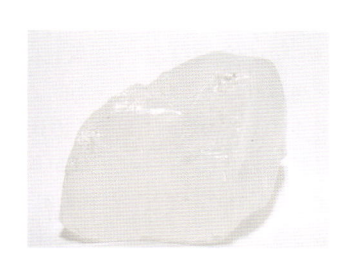

メタモルフォーゼス
―― *Metamorphosis* ――

　乳白色をしたクオーツの一種で、濡れて光るような独特の質感をしています。結晶を持たない塊状で産出され、ガンマ線を照射すると金色がかった緑色に変色することから"変化、変容"を意味する「メタモルフォーゼス」という名前が、アメリカの有名なクリスタルヒーラー、A・

メロディによって付けられました。

　メタモルフォーゼは、持ち主の自己変容や、ネガティブな部分をポジティブな方向へ変化させることを助け、現実を変化させていく力を与えるといわれています。また、自分の使命に気づき、それを行うように導きながら、魂の本質の部分から癒しをサポートしていきます。さらに、オーラをクリアに保ち、強化することでパワーを高め、自己実現へと向かわせます。

レムリアンシード
— *Lemurian Seed Crystal* —

　クリアクオーツの一種で、表面に刻まれた、バーコードのような横縞の模様「レムリアン・リッジ」が特徴。この模様のある面は、まるですりガラスのような手触りで、独特の雰囲気です。

　通常のクオーツのようにクラスターの状態ではなく、1本1本きれいに並べられたような状態で発見されたといわれ、人為的に埋めたのではないかという説があります。その名のとおり、古代レムリア人がクリスタルという形に転生したもの、あるいはレムリア人の意識存在が変容して結晶化したものであるといわれます。

　なお、ロシア産のものは特に「ロシアンレムリアン」と呼ばれることもあります。

Column 9

石との別れ～石を手放すときの対処～

いつもあなたを守ってくれる大切なパワーストーン。なるべく長くよい関係で付き合っていきたいものですが、なんらかの理由で石を手放さなければならないこともあります。そんなときの心得や対処法を紹介します。

石を破損、紛失、手放すときの対処法

　せっかく出会った大切なパワーストーン。石は身につけたり使い続けていくうちに、だんだんと心（波動）が通い合い、まるであなたの分身のような存在になっていきます。できればいつまでも仲よく付き合いたいものですが、ときには破損したり、いろいろな事情で離れていくことも。何かのタイミングでなくしてしまうこともあれば、あなたが成長することで、ほかにその石を必要とする誰かのもとに、石が移っていくこともあります。

　いずれにしても、そんなときは悲しんだり、不吉に思ったりしないで、石に感謝しながらそれぞれ正しい対処をしてあげましょう。

色が変わってしまったとき

　石は使い続けているうちに疲れたり、パワーが落ちて色が変化したりすることがあります。パワーを失ったときは、浄化や休ませることで色がもとに戻ることもあります。

　また、あなたの代わりに強いマイナスエネルギーを受けてしまったときは、極端に色が変化することも。塩に埋めたり強い浄化をしてももとに戻らない場合は、庭などの自然の土に戻してあげるのもよいでしょう。

傷がついた・欠けてしまったとき

　多少の傷や欠けなどで、エネルギーに影響が出ることはありません。小さな傷なら浄化を行ってください。大きく欠けたときや、バラバラに

Column 9

なったときは、パワーがなくなっている可能性もあります。パワーストーンとしての役目を終えたと、あなたが感じるときは、今度はよき友人として大切に保存するか、感謝をして土に返しましょう。

パワーストーンは、"生きもの"です。ちょっと欠けたからといってゴミと一緒にして捨てたりするのは、やめましょう。

紛失したとき

石を紛失してしまうのには、いくつかの理由が考えられます。持ち主とのコミュニケーションの必要性が終わったり、石が現れる時期が早かったり。また、持ち主の身代わりでマイナスのパワーを断ち切ってくれたり、もしくは願いごとが叶ったりしたときに離れることもあります。

ただし、粗末に扱って紛失した場合は運を逃がすこともあります。いずれにしても石に感謝の気持ちを持つことが大切。紛失したときは、愛情を持って石の無事を祈りましょう。

壊れた・割れたとき

石が壊れたり割れたからといって、必ずしも、悪いことが起こる前兆ということではありません。石が壊れたり割れたときは、ほかのケースと同様に、あなたとのコミュニケーションの必要がなくなったり、持ち主を守るためにそのパワーを使い果たしたということが考えられます。同じように感謝の心を持って、石の故郷である土に還してあげましょう。

人にあげるとき

石はいつもパワーがなくなってあなたのもとを去るわけではありません。あなたが成長したとき、問題を克服したときなど、石があなたへのサポートを終えて、新たに必要としている人のところに行くことがあります。

もし、あなたが石に込めた願いを叶えたと実感できたり、問題をクリアしたと感じたときや、誰かがあなたの石を褒めたり、ほしいといったときは、今度はその石は、その人をサポートする役割があるのかもしれません。そんなときは、その人に石をあげても大丈夫。ただし、きちんと浄化を行ってから渡してください。

Part 3
パワーストーン入手法と活用術

パワーストーンの選び方と付き合い方

パワーストーンの知識を身につけたら、早速お店に行って自分にあった石を探してみましょう。ぴったりの石に出会うには、ほんのちょっとのコツがあります。上手な選び方と付き合い方を、ここで覚えておきましょう。

✳ 自分にあったパワーストーンの選び方

お店を選ぶ

　石と同じように、お店との相性も大事。まずは外からの雰囲気がよい、入ってみて居心地がよさそうと感じたお店に出向いてみましょう。相性のよいお店は、入ったことがなくてもなんとなく気になったりするもの。気になるお店には、きっとあなたとの出会いを待っている石があるはず!?

石からのサインを感じる

　ショーウィンドウに目がとまる、お店に入って最初に目にとまる、なんとなく石が輝いて見えるなどと感じたらそれは、石からのサインです。自分に必要な石がそこにあるときは、こんなふうに「石に呼ばれる」ことがあります。サインを信じて、ひかれる石を探してみませんか。

直感で選ぶ

　目的にあった効果を持つパワーストーンをあらかじめ調べて選

ぶのもよいですが、まずは自分の直感や感覚で選ぶことが大切です。「なんとなく気になる」「無意識に手にした」石は、いま自分に必要なエネルギーを持った石かもしれません。第一印象や心の目で選ぶことで、その石はきっと役に立ってくれるはずです。

手で触れて選ぶ

　なんとなくほしいパワーストーンが決まっている場合は、そのなかでいちばんきれいに見える石、もしくは直接手で触れて「なんとなくいい感じ」「気持ちよい」と思える石を選びましょう。こんな風に感覚が反応する石は、あなたと相性のよい石です。石があなたに語りかけるエネルギーに注意してみましょう。

筋肉反射テスト

　筋肉反射テストは、食べものやいろいろなものなどが、自分にあうものかどうかを判断する方法です。この方法を使うことで、気になった石が、自分に必要なものかどうかが簡単にわかります。

　テストは2人で行います。まず、あなたの右手の親指と薬指で輪をつくり、左手の手のひらに気になる石をのせます。次にもうひとりの人に、親指と薬指を左右に軽く引っ張って輪を開けてもらいます。そのとき、あなたは輪が開かないように指に力を込めてください。もし輪が簡単に開いてしまうようなら、その石はあなたに合わない可能性が高いです。

　反対にあなたにとってよいものならば、指に自然と力が入り、つくった輪が開きにくくなります。

＊薬指に力が入りにくい場合は、中指や人さし指で試してみてください。

✺ パワーストーンを入手したら

step 1 浄化

手に入れたらまず浄化

　パワーストーンは、人の想念やさまざまなエネルギーを吸収する性質があります。石があなたの手元にやってくるまでには、多くの人や場所を経ています。その間、石が不要なエネルギーを受けてしまっている可能性もあるのです。ネガティブなエネルギーを持ったままの石を使うと、あなたにもネガティブな影響を与えることがあるのでご注意を。

セージはネイティブアメリカンの儀式に欠かせないパワフルな浄化用ハーブ。セージを焚いた煙にくぐらせるだけで手っ取り早く確実な浄化ができます。

石を手に入れたら、まずはネガティブな想念やエネルギーを払って、本来その石が持っているパワーを最大に引き出せるように、必ず浄化してあげましょう。

浄化時の注意

　原石やアクセサリーを購入したらすぐに、自分だけのパワーストーンにするために浄化をしましょう。ただし、石の種類により水や太陽光に弱いものがありますので、Part 2で紹介したそれぞれの石の性質に注意してください。

　水に弱い石はセージなどの煙にくぐらせたり、天然塩や土に埋めたりして浄化します。色の濃い石など太陽光に弱い石は、ひと晩月光浴をさせてみましょう。そのほか、くわしい浄化の方法はP.239で紹介していますので参考にしてください。

step 2　エネルギーチャージ

パワーをチャージする

　パワーストーンは、あなたの周囲に存在するネガティブなエネルギーを、吸収したりブロックしてくれたりするので、長い間使っているとそのパワーが低下してしまいます。そのため、石には定期的な浄化が必要となります。小さい石なら1週間に1回、大きい石なら1カ月に1回を目安に浄化をして、エネルギーチャージを行ってください。

　また、石が曇って見える、色が薄くなった、元気がないと感じた

ときには、その都度浄化をしてください。

step 3 プログラミング

願いごとを込める

　パワーストーンの浄化が済んだら、今度は自分の波動と石の波動を同調させて石に願いごとを伝えましょう。このプログラミングをすることで、石はあなたの願いをより強くサポートしてくれるようになります。まずは浄化の済んだ石を手に持って、自分の胸にかざします。その石を使って自分がどうなりたいか頭のなかで鮮明に描き、石に念じてください。

　たとえば、自分が仕事で成功したいと思っているなら、成功している自分を思い浮かべて。片思いの相手がいるならば、その相手とデートをしているところを。やりたいことがあるなら、それをやって成功している自分を想像します。こうしてプログラミングした石を満月や太陽の光に数時間当てると、さらに効果が期待できます。

パワーストーンの浄化法

パワーストーンは、身につけたり部屋に飾ったりしているうちに、身体や場のマイナスエネルギーを吸収して、パワーが弱まってきます。石に元気がないと感じたら、ときどき「浄化」を行って、パワーを充電させて使いましょう。

✴ パワー維持のためには、定期的な浄化が必須です!

　パワーストーンをいつも効果的に使うには、それぞれの石にあったメンテナンスと定期的な浄化が不可欠です。色がくすんで見えたり、輝きがなくなってきたと感じられるときは、石のエネルギーがダウンしているサイン。そんなときはすぐに浄化して、エネルギーをクリアに戻してあげましょう。

　通常は1カ月に1〜2回程度で大丈夫ですが、なんとなく気になったときには、その都度浄化を行うことをおすすめします。浄化のやり方は以下のとおりです。石の性質やそのときの状態によって使い分けてください。

日光浴による浄化

　太陽はすべてのエネルギーの根源ですので、浄化とともにパワーチャージができます。10〜30分程度、太陽光に当てます。特に光がいちばんパワフルな午前中に当てると効果的。日当た

りのよい明るい場所であれば、太陽光が直接当たらなくても大丈夫です。アメジスト、セレスタイトなど、太陽に弱い石もあるので注意しましょう。
[適した石] カーネリアン、クリアクオーツ、クリソプレーズetc.
[浄化の頻度] 月に1〜2回程度

月光浴による浄化

あらゆる石の浄化に適しています。新月から満月までの月光が最適で、特に満月の夜は最も効果があります。また満月は石のパワーアップにも最適。基本は庭やベランダなど、直接月光が当たる場所か、窓際にひと晩置いておきましょう。ムーンストーン、モルダバイト、ラブラドライトなど月や宇宙に関係する石には特に効果的です。
[適した石] アメジスト、シトリン、ムーンストーン、フローライトetc.
[浄化の頻度] 新月と満月の間に月に1回程度

流水による浄化

流れる水によって石が吸い取った想念やエネルギーなどを洗い流すことができます。やり方は、パワーストーンを手に持って数10秒〜1分間程度、水で洗い流すだけ。湧き水や天然水などが理想ですが、水道水でもかまいませ

240 Part 3 パワーストーン入手法と活用術

ん。水気を切った後は、日光浴や月光浴を行います。アズライト、セレナイト、ターコイズ、ロードクロサイトなどは水に弱いので注意しましょう。
[適した石] アクアマリン、ガーネット、クラスター、クリアクオーツ etc.
[浄化の頻度] 月に2~3回程度

クリスタルによる浄化

　クリスタルのクラスター(群晶)やクリスタルの小片を集めた上に、パワーストーンを置きます。愛用のクリスタル、アクセサリーなどをクラスターの上に置くだけで浄化され、パワーチャージを手軽に行うことができます。浄化に使うためのクリスタルも、ときどき水洗いや太陽光に当てて浄化をしましょう。
[適した石] ほとんどのパワーストーンに対応
[浄化の頻度] 月に2~3回程度

煙による浄化

　ネイティブアメリカンに古代より伝わる伝統的な浄化方法。セージ(ハーブ)を焚き、煙のなかにパワーストーンを2~3回くぐらせ、まんべんなく煙を行き渡らせます。セージは、浄化能力の高いホワイトセージが最も適してい

ます。特に水に弱い石におすすめの浄化法です。また、セージを燃やす器は、貝殻を用いるとより効果的です。
[適した石] ほとんどのパワーストーンに対応
[浄化の頻度] 月に1～2回程度

植物による浄化

　あらゆる石に有効な浄化法。植物は二酸化炭素を吸い取ってきれいな空気に変換します。同じように、石のマイナスエネルギーもよいエネルギーへと変えてくれます。花や観葉植物などのそば、または葉の上に石を置きます。この方法はほとんどの石に適した簡単な方法です。また、壊れたパワーストーンを植物の根本に置くと、石の力で植物が生き生きとします。
[適した石] ほとんどのパワーストーンに対応
[浄化の頻度] 月に1～2回程度

土による浄化

　マイナスのエネルギーを吸収しすぎてしまったパワーストーンは、土のなかに埋めることによって強力な浄化ができます。パワーストーンの曇りがなかなか取れないとき、パワーが回復しないときは、土の浄化を試してみま

しょう。時間は24時間くらいが目安。埋める場所はなるべく自然に近い、清らかな土を選びましょう。

[適した石] ほとんどのパワーストーンに対応
[浄化の頻度] 月に1回程度、石が壊れたとき

塩による浄化

　塩には「無」に戻すパワーがあり、ほとんどの石に適した強力な浄化法です。天然に近い塩（粗塩）を使い、流水浄化が可能な石は塩水にひと晩つけておきます。水が苦手な石は、盛り塩の上に直接置くか、塩のなかに埋めます。浄化後は流水で洗い、やわらかい布で拭いて乾かします。強い邪気を帯びてしまった場合におすすめです。

[適した石] クリアクオーツ、スモーキークオーツ、ダイアモンド etc.
[浄化の頻度] 月に1回程度、石が極端に曇ったとき

音による浄化

　音叉、ベル、民族楽器などをパワーストーンに聞かせることにより、浄化がうながされます。比較的手に入りやすい「チベタンベル」はポピュラーな音の浄化法。石にベルなどの清浄な音を響かせることで共鳴が起き、石の持つ振動（波動）を高めて浄化されます。

あらゆるパワーストーンにおすすめの方法です。

[適した石] ほとんどのパワーストーンに対応
[浄化の頻度] 気になったときにいつでも

お守りの石は念入りに…

　魔よけや邪気などから身を守るためには、オニキス、黒水晶、スモーキークオーツなど黒っぽい石がよく利用されます。黒い石は、エネルギーを吸収する性質の強い石。これらの石は、あなたに降りかかるマイナスのエネルギーや邪気を吸い取ることで、あなたを守っています。

　常にあなたを守ってくれる反面、マイナスのエネルギーをため込んでいるので、浄化は特に念入りにしたいもの。お守りで身につけるものはできれば毎日、少なくとも週に1〜2回は浄化しましょう。

アクセサリーの活用法

おしゃれに、そして手軽に効果を実感できることから、パワーストーンを使ったアクセサリーが人気です。ここでは、アクセサリーにした場合の効果や使い方のポイントを紹介します。

✴ パワーストーンアクセサリー

おしゃれなアクセサリーが大人気

　リングやブレスレット、ネックレスなど、最近はアクセサリーとして加工されたパワーストーンが多く流通し、その魅力をより身近に楽しめるようになりました。少し前までは、パワーストーンのブレスレットといえば数珠のようなものが多く、あまりおしゃれなイメージがありませんでしたが、昨今のブームでおしゃれなデザインものが多数出回り、女性を中心に人気となっています。

部位によってパワーが変わる

　パワーストーンを使ったアクセサリーは、長い時間、直接肌に

つけることから、石と自分の波動も合わせやすいため、より顕著にその効果を体験しやすくなります。

　また同じパワーストーンでも、アクセサリーをつける位置によって違った意味を持ってきます。石やそれぞれの部位の意味を知り、目的や気分にあわせてアクセサリーを選ぶのもまた楽しいもの。パワーストーンアクセサリーを上手に活用して、毎日の生活に役立ててみましょう。

パワーストーンと宝石はどう違う？

　日本では、神秘的なパワーがある鉱物の総称として「パワーストーン」という言葉を使っていますが、英語には特にそれにあたる用語はなく、「ミネラル」や「ジェムストーン」と呼ばれています。ミネラルはいわゆる鉱物のこと。ジェムストーンの"ジェム"とは宝石の意味です。

　ちなみに鉱物は全世界で4,000種以上あるとされますが、そのうちパワーストーンとして扱われる石は約300種類。さらに宝石として採掘されるものは約70種で、そのなかで一般的に知られているのは20数種程度。宝石ももちろん、パワーストーンの一部ですが、宝石と呼ばれるには一定の条件を満たしている必要があります。世界的権威のある米国の宝石学会（GIA）によれば、宝石とは「美、希少性、耐久性を有する鉱物、または装飾用の有機物質（パール、珊瑚など）」であると定義されます。なかでも、財宝的価値が高いものは「貴石」、やや価値が低いものは「半貴石」と呼ばれます。

246　Part 3　パワーストーン入手法と活用術

✦ アクセサリーをつける部位とその効果

部位によって効果はさまざま

　パワーストーンアクセサリーは、その種類や色、身につける位置によって、期待できる効果が異なってきます。身体の各部位には、気や経絡などエネルギーの流れがあり、生命エネルギーをつかさどるチャクラと、密接に関係しているといわれます。石の波動がツボやチャクラを刺激することで滞ったエネルギー状態を改善し、さまざまな効果を発揮してくれるのです。

首…ネックレス

　心の疲れが取れ、自己アピールが上手になります。不安を取り除きたい、活力がほしい、精神を安定させたい、交渉を有利に進めたい、品と落ちつきがほしいときなどに。

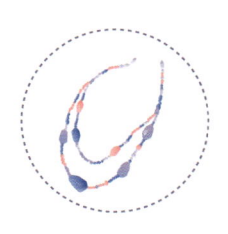

耳…ピアス・イヤリング

　直感力、判断力が高まり、知性的になります。頭をクリアにしたい、運を呼び込みたい、安定した気持ちを維持したい、内面的な美しさを保ちたい、コミュニケーションを円滑にしたいときなどに。

胸…ペンダント

　心が豊かになり、やさしい気持ちになることができます。また、魅力を引き出す効果もあります。自信をつけたい、想像力を豊かにしたい、クリエイティブな能力を発揮したい、落ち込みから立ち直りたいときに。

胸元…ブローチ

　おだやかな気持ちを高め、魅力を引き出します。ルーズな性格や優柔不断な性格を直したい、周囲と歩調を合わせたい、直感力を高めたい、行動力をアップさせたいときに。

腕…ブレスレット

　エネルギーを放出する利き腕につける場合は、魅力を引き出し、自己表現力と自信がアップします。エネルギーを吸収する反対の腕につける場合は、直感力、潜在能力が高まります。

指…リング

　魔除けの効果があります。なすべき事柄を知りたいとき、精神的に強くなりたいときなどにもおすすめです。10本の指それぞれのパワーと効果は下表のとおり。

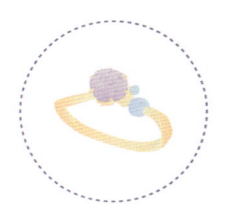

親　指
他人に影響を及ぼし、徳を高めます。目標に向かって着実に進みたいときに。
[右手] 困難を乗り越える自信がつきます。
[左手] 自分の信念を貫く力が高まります。

人さし指
正しいものごとを判断する力を高めます。リーダーシップを発揮したい、勇気がほしいときに。
[右手] 思慮深くなり、集中力がアップします。
[左手] 感受性や直感力、積極性が高まります。

中　指
神霊とつながるインスピレーションを高めます。信頼感を得たい、自分のペースを取り戻したいときに。
[右手] 軽率な行動を控え、理性的になります。
[左手] 意志を強くし、精神面の強さを高めます。

薬　指
つかんだものを生かす力を高めます。人から注目されたい、恋のトラブルを避けたい、友情を強めたいときに。
[右手] 心がおだやかになり、安定した状態になります。
[左手] 愛の進展を助け、絆を深めます。

小　指
ものごとを実現へと導きます。明るさや快活さがほしい、恋のきっかけをつかみたいときに。
[右手] 社交性をアップさせ、表現力が豊かになります。
[左手] 自分の魅力をさりげなくアピールできます。

パワーストーンを活用する（1）

パワーストーンのお店には、アクセサリー用に加工されていない原石タイプの石もたくさん売られています。ここでは原石を楽しみながら身につけて持ち歩くためのノウハウや情報を紹介します。

✴ パワーストーンを自分のスタイルで持ち歩く

　お店には、ネックレスやブレスレットなど、おしゃれでかわいいアクセサリーもたくさん売られています。でもせっかくなら、気に入った原石や天然石ビーズなどを使って、自分でアクセサリーをつくったり、持ち歩く工夫をするのも楽しいものです。革や麻のひもで結んだり、アクセサリーパーツを使ったりすれば、デザインや石の取り替えも簡単。その日の気分や状態にあわせて、パワーストーンをおしゃれに自分流に楽しんでみませんか？

Case 1　ビーズを使う

　ビーズといえば、ビーズアクセサリーに使うような1ミリ程度の小さなものをイメージしがちですが、本来の意味は装飾や手芸用の穴のあいた玉のこと。数珠やロザリオに使われる5〜6ミリから10数ミリ程度のものもあれば、大振

りのネックレスに使われるような、数センチ程度のものまで大きさはさまざまです。

　ビーズは、穴にひもを通すだけで簡単にブレスレットやネックレスができる優れもの。好きな天然石ビーズを組み合わせて、オリジナルデザインを楽しんでみましょう。

ブレスレットやネックレスをつくるにはテグスやゴム糸が使われます。テグスは、アクセサリー用には2〜4号がよく使われます。また、ブレスレットをつくるには伸縮性があるゴムタイプのものが便利。幅は0.3ミリから2ミリまでいろいろ。どちらも200円前後で売られています。

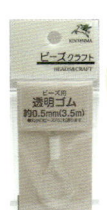

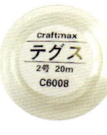

大きめのビーズをペンダントトップにしてネックレスにしましょう。市販されているチェーンは40〜60センチの長さがあります。首まわりを美しく見せるなら40センチがおすすめ。

ネックレスの便利な結び方

穴あきパーツにひもを通すだけでできる簡単ネックレス。長さが調節できる結び方をすると便利です。

革ひもの片方をもう一方のひもに巻きつけるように結びます。

もう一方のひもも同様に、反対のひもにシンメトリーになるように結びます。

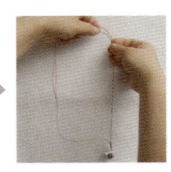

結び目を移動することで、長さの調節が可能になります。

Case 2　ルースを使う

　ルースとは、石がよりきれいに見えるように研磨やカットされた状態のこと。ルースを専用の枠や台に取りつけることで、手軽に指輪やブローチにできます。指輪の枠やブローチの台は、手芸店やビーズショップ、クラフト店などで入手できます。お気に入りのカットストーンを見つけたら、世界にたったひとつのオリジナルリングやブローチをつくってみましょう。

リング台はメッキものなら100円台から。シルバーのものは1,000円台から。デザインもいろいろあります。

チョーカーパーツの種類は、40センチ、45センチ、50センチ、55センチが一般的。素材は合皮、ヘンプ、革製など。300円台から入手できます。

Case 3　タンブルを使う

　タンブルとは、原石を少し研磨して表面をなめらかにしたもの。同じ原石でも、いろいろな形や大きさのものがあります。握り石に最適ですが、小さめのものはお守りとして持ち歩け、アクセサリーの材料にもなります。タンブルを

持ち歩くためのパーツや袋もいろいろありますので、お店に行ったら、アクセサリーグッズをチェックすることもお忘れなく！

シルバー素材でできた「タンブルホルダー」です。スプリングになった部分に石を収めることができます。シルバーチェーンや革ひもなど、お好みのパーツを使って身につけましょう。

タンブルや原石を入れるためのポーチです。バッグやポケットに忍ばせて持ち歩きたいときに便利。麻などを使用したやさしい素材のものは、特におすすめ。

「ヘンプ」を使って身につける

　ヘンプ（麻）は、きわめて波動が高く、クリスタルともとても相性のよい植物です。一説には、古代レムリア時代に地球環境を考えて発明されたといわれ、以来人類に尊ばれ、さまざまな用途に用いられてきました。日本でも、神社などでおはらいやしめ縄など、神具として使われています。波動の高いヘンプ素材を使用することによって、クリスタルのパワーをより高めることも期待できそうです。

ネックレス（写真上、左下）、チョーカー（写真右上）、アンクレット（写真右下）

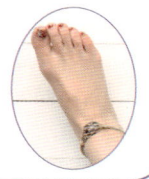

パワーストーンを活用する（2）

パワーストーンは、アクセサリーなどで持ち歩くほか、部屋に置いたり飾ったりすることでも、そのパワーを日常生活に取り入れることができます。ここでは、飾り方やそのポイントなどを紹介します。

✦ パワーストーンを飾って楽しむ

少し大きめの原石は飾りに

　パワーストーンは身につけることで身体や精神にいろいろなパワーを取り込むことができますが、家のなかに置いたり飾ったりすることでもさまざまな効果を期待できます。部屋に飾る石は、クラスターや比較的大きめの原石などがよいでしょう。大きな石はより強いパワーがあり、ヒーリングエネルギーで空間や部屋を満たします。それによって、心が落ちついて迷いや不安が消え、心身の癒し効果が得られます。また、石の近くに植物を置くことで、相乗効果で場のエネルギーを高め、浄化能力やヒーリング効果もより高くなります。

玄関や窓際は、外からのエネルギーの侵入口にもなっています。玄関や窓の近くに水晶クラスターなどを置くことで、外部からのマイナスエネルギーを跳ね返すことができます。

飾り方のあれこれ

　部屋に飾って場や空間をエネルギーで満たすときには、比較的大きめの原石やクラスター、球、エッグ、ピラミッド型の石などがよく使われます。

　その際、クラスターや球、エッグ型などは、そのままでは安定が悪いので、専用の台などを利用して飾るのがベスト。パワーストーンの形や大きさにあわせたさまざまな台がお店に売っていますので、一緒に買っておくことをおすすめします。また、せっかくなので布や麻でお気に入りの台を自分でつくってみてもよいでしょう。

クラスターや板状の原石を飾る専用器具もいくつかあります。石を立てて置くことで、空間全体にエネルギーが伝わりやすくなります。

球やエッグ型の石を飾るための専用ディスプレイ台も市販されています。また座布団や台を手づくりしてみれば、より楽しみも広がります。

✳日常生活に取り入れる

　パワーストーンは、家のなかでの置く場所や置き方を工夫することで、いろいろな目的で使うことができます。それぞれの目的に適した石もありますので、場所や目的によって使い分けをしていきましょう。

テレビ・パソコンの近くに置く

　電波・電磁波を発しているテレビやパソコンは、精神的・肉体的にストレスを導くことがあります。近くに水晶クラスターを置くことで、電磁波などを多方面に散らしてくれます。電気系のエネルギーを浄化するブラックトルマリンを一緒に置くと、より効果的です。

キッチンに置く

　火と水を使うキッチンは、エネルギーが混乱しやすい場所。水晶を置くことで、集中力を高め、効率よく作業をすることができます。

お風呂に入れる

　水晶をぬるめのお湯を入れたバスタブに沈め、1時間以上置きます。水晶を入れたまま入浴しましょう。お湯もやわらかくなり、ピュアな状態で石のパワーを受け入れることができます。

寝室に置く

　アメジストを寝室に置くと、寝ている間に気の調節ができます。また、枕のなかにアメジストのさざれを何粒か入れることで、安眠をもたらします。

メイクのときに

メイクするとき、ローズクオーツと自分が一緒に鏡に映るようにすると、内面の魅力が引き出され、化粧のノリがよくなります。

部屋全体の運気をアップさせる

パワーストーンを壁につり下げることで、部屋の多方面にエネルギーを放出し、マイナスのエネルギーを吸収します。

パワーストーンお願いリスト

パワーストーンには、それぞれに得意分野があります。ここではお願い別にパワーストーンを分類して紹介します。

[愛をもたらす石]
- 恋を成就させる…ローズクオーツ、モルガナイト、ピンクトルマリン、オパール
- 失恋の傷を癒す…ロードナイト、ロードクロサイト、ローズクオーツ、ピンクカルサイト
- 新しい出会いをもたらす…オパール、ムーンストーン

[豊かさをもたらす石]
- 心に豊かさをもたらす…クリソコラ、モスアゲート
- 金運アップ…アンバー、シトリン、タイガーアイ、トパーズ
- 幸運を招く…ラピスラズリ、オパール、ルチルクオーツ

[元気をもたらす石]
- 健康運をアップ…ブラックトルマリン、ヘマタイト
- 生きる喜びをもたらす…アマゾナイト、アメトリン、ペリドット、ロードクロサイト

[リラックスをもたらす石]
- リラックス効果…アクアマリン、クリソプレーズ、セレスタイト、ミルキークオーツ
- 恐れの解消…アメジスト、エレスチャルクオーツ、ジャスパー、チャロアイト
- 安眠…アラゴナイト、セレスタイト、トパーズ

[調和をもたらす石]
- コミュニケーション力を高める…アクアマリン、アマゾナイト、ブルーカルサイト、ラリマー
- 人間関係を築く…モスアゲート、ウォーターメロントルマリン、アゲート、ロードナイト、クリソコラ、セレスタイト

[お守りに適した石]
- お守りとして…ヘマタイト、レーザークオーツ、パイライト、エメラルド
- ネガティブなエネルギーから身を守る…オニキス、ジェダイド、ネフライト、オブシディアン、ブラックトルマリン

クリスタルワーク

パワーストーンのエネルギーをさらに積極的に活用していくためには、いくつかの方法があります。ここでは、パワーストーンとさらに深く付き合うためのクリスタルワークの一例を紹介します。

✴ パワーストーンとつながる

石に触れて心を通わせる

　パワーストーンは、石に意識を向け自分から積極的に働きかけていくことによって、石とエネルギーが通いあい、そのパワーをより実践的に活用できるようになります。いくつか気になる石を見つけたら、そのエネルギーを感じたり活用したりするワークも試してみましょう。クリスタルワークの方法はいろいろありますが、いくつかの特別なヒーリングを除き、ワークの方法に絶対的な決まりはありません。むずかしく考えずに、まずは気軽に触れたり見つめたりと、石と遊ぶ感覚でそのエネルギーを感じるところからはじめてみましょう。

聖所(サンクチュアリ)をつくる

　お気に入りの石をいくつか揃えたら、石と意識的に向き合うための、自分なりの聖所をつくってみましょう。特別な祭壇をつくらなくても、棚やコーナーを利用して布やトレーなどに石を並べるだけでもOK。こうした場所を用意しておくことで、部屋のなかに

常に特別なエネルギーの場が存在することになります。

　聖所は火と煙を組み合わせることで、視覚や嗅覚も刺激し、さらに瞑想効果も高まります。ろうそくやお香を組み合わせることも忘れずに。夜寝る前や朝起きたときに、5分だけでいいので、その聖所に向かいあうことを習慣化させましょう。続けていくうちに、特別なことをしなくても、そこにいるだけで自然とおだやかな気持ちになってくるでしょう。

六芒星台で簡単聖所

　正三角形と逆三角形を組み合わせた図形は「六芒星」と呼ばれ、古くから特殊な力を放つとされています。この六芒星の形に石を置くことで、それぞれの力を高めあう相乗効果を発揮し、特別の聖所代わりになります。六芒星の真ん中に1点を加えたものは七星陣と呼ばれ、石のパワーを最大限に引き出すことができる並べ方とされます。六芒星台は市販されていますので、好きな丸玉を組み合わせてその効果を楽しんでみるのもよいでしょう。

✷ パワーストーンとワークする

心を静めてエネルギーを感じる

　石のエネルギーを感じたり、心を静めたりするための簡単なワークです。まず、ゆったりとした姿勢で床かイスに腰かけ、深呼吸を3回します。次に左手に目的のパワーストーンを握って目を閉じ、ゆっくりと呼吸を続けます。できれば呼吸は鼻から吸って鼻から吐き出しましょう。意識を左手の石に向けながら、2～3分この状態で呼吸を続けましょう。しばらくすると、頭がスッキリして、左手や身体があたたかくなってきたり、何かが心に浮かんできたりします。さらに意識を石に向けて、そのエネルギーを感じてみましょう。5～10分くらいでも十分に効果があります。

インスピレーションを得る

　まず、布団や床の上に寝て仰向けになります。眉間の位置にメッセージを受け取りたい石を置いて、目を閉じてゆっくりと深い呼吸を続けます。呼吸をしながら、質問や願いごとを頭のなかで3回唱えましょう。しばらくすると、眉間の内側がじんじんしたり、明るくなったように感じられてきます。そのときに何か浮かんできたら、それが答えかヒントかもしれません。身体があたたかく感じれば、その質問の答えはイエスということです。

眉間の上に置く石は、できれば眉間のチャクラ（第6チャクラ）に対応したもので。対応する色はブルーから紺色です。手持ちにクリアクオーツがあれば、それを左手に握りながら行うとさらに効果的です。

ヒーリングを行う

ヒーリングは、パワーストーンの最も得意とする力のひとつ。ここでは、パワーストーンを使ったチャクラヒーリングを紹介します。静かな部屋で、リラックスして横になった状態で行いましょう。お香やアロマ、リラクゼーションミュージックなどの、香りや音楽を組みあわせるとより効果的です。

ヒーリングの手順

① 赤、オレンジ、黄色、緑、青、紺（または濃いブルー）、紫の7色の石を用意します。

② 石を下記の部位に並べます。
　赤→両大腿の間
　オレンジ→へその下5センチ
　黄色→へその上10センチ
　緑→胸の中心
　青→のど
　紺→眉間
　紫→頭頂

③ 両手は身体から少し離して広げ手のひらを上に向けて、目を閉じます。

④ ゆっくりと深呼吸しながら、下から順番に石の色を思い浮かべて、各色をイメージして感じていきます。それぞれ1分間ずつ色に意識を合わせてゆっくり上へと移動させてください。

⑤ 各色を順番に感じたら、1本の線上に7色のエネルギーが並んでいるところを想像します。3分〜5分くらいその様子を静かに感じてみましょう。

⑥ 時間が経ったと思ったら、深呼吸を3回しながらゆっくりと目を開けます。

⑦ 目を開けたら、はじめる前の気分とどう変わったか意識してみましょう。気分がスッキリして身体が元気になったのを感じませんか。

Appendix

クリスタル産地 MAP

クリスタルは世界各地で採掘されます。同じ種類の石でも、産地によって個性も変わってきます。ここでは、主なクリスタルの産地を紹介します。

【イギリス】
フローライト

【アメリカ】
アゲート、サンストーン、ジャスパー、スモーキークオーツ、ターコイズ、トルマリン、フローライト、ペリドット、クリアクオーツ

【メキシコ】
オパール、ターコイズ

【ドミニカ共和国】
アンバー、ラリマー

【ベネズエラ】
ジャスパー

【コロンビア】
エメラルド

【ペルー】
オパール

【ブラジル】
アクアマリン、アゲート、アメジスト、オニキス、ガーネット、カーネリアン、シトリン、スモーキークオーツ、ダイアモンド、トルマリン、ペリドット、ローズクオーツ、クリアクオーツ

【ウルグアイ】
オニキス

産地によって違う個性を持つ

パワーストーンは、グレードや色の違いからだけでなく、産地によっても個性が生まれ、そのパワーに違いがでてきます。パワーストーンはとても繊細な性質を持っていますので、結晶や成分がまったく同じ石でも、気候や風土、土地の持つ磁場などの違いで、微妙な影響を受けるのです。それが、それぞれの産地の個性になり、パワーストーンにさらに奥深い魅力をもたらします。自分にあった石を選ぶときには、石の効能、パワーに加えて、産地を意識しながら探してみると、また違った出会いが生まれるかもしれません。

その他の特別の産地

代表的なクリスタルの主な産地はMAPに示したとおりですが、そのほかにも特定の地域でしか採れない特別のクリスタルがあります。その主な例を紹介します。

アメリカ
・アーカンソー州…アーカンソークリスタル
・オハイオ州……セレスタイト
・コロラド州……ラピスラズリ

ロシア
・アルダン地方…チャロアイト
・シベリア　　…ダイアモンド

カリブ
・ドミニカ共和国…ラリマー

チベット
・ヒマラヤ…ヒマラヤ水晶

ミャンマー
・モゴク地方…ルビー

【リトアニア】
アンバー

【ロシア】
アクアマリン、アンバー、マラカイト

【イラン】
ターコイズ

【アフガニスタン】
ルビー

【中国】
ジェダイド、フローライト

【日本】
スギライト

【インド】
アイオライト、アクアマリン、アゲート、エメラルド、オニキス、ガーネット、カーネリアン、サンストーン、シトリン、ジャスパー、ムーンストーン、ローズクオーツ

【ミャンマー】
サファイア、ルビー

【スリランカ】
アイオライト、アメジスト、サファイア、トルマリン、ムーンストーン、ルビー

【コンゴ民主共和国】
マラカイト

【ナミビア】
タイガーアイ、マラカイト

【マダガスカル】
アイオライト、アクアマリン、アメジスト、ムーンストーン、ローズクオーツ、クリアクオーツ

【南アフリカ】
アメジスト、スギライト、ダイアモンド、タイガーアイ

【オーストラリア】
エメラルド、オパール、ガーネット、ダイアモンド、ロードナイト
（西オーストラリア）
タイガーアイ

Appendix

鉱物イベント情報

国内外の多数の業者が参加する鉱物の展示即売会が、毎年全国各地で開催されています。原石からアクセサリー用の石まで、掘り出しもののパワーストーンに出会えるかも！

「東京ミネラルショー」

　世界各地の化石や鉱物約100万点以上を集めた、毎年恒例の鉱物の祭典「東京ミネラルショー」。国内はもちろん、世界各地から200社以上のディーラーが集まり、結晶鉱物、隕石のほか、ルビーやオパール、ダイアモンドなどの宝石類の原石を展示＆販売。国内でも大規模の鉱物ショーで、同規模のものに、東京国際ミネラルフェアなどがあります。

開催地●池袋　開催時期●12月中旬
URL ●http://www.tokyomineralshow.com/

パワーストーンとしても大人気のラピスラズリのお店。直径50センチ以上の原石も揃っています。

さまざまな形、大きさ、種類のクリスタルがグラム売りで売られています。思わぬ掘り出しものもあり!?

パワーストーンを使ったアクセサリーパーツも豊富。市販よりお得な値段で入手可能です。

「ツーソン・ショー」

　アメリカ・アリゾナ州で毎年1月下旬〜2月中旬に行われる世界最大の宝石・鉱物・化石のフェア。世界各国から多くのバイヤーが集まり、毎年新しい天然石の流行がここから発信されます。日本からも多数の業者が参加し、この期間は仕入れのために休みになるお店も多いとか。珍しいパワーストーンもここで仕入れられることが多いので、この時期のお店の商品は要チェックです。

開催地●アメリカ・アリゾナ州　開催期間●1月下旬〜2月中旬
URL ●http://tucsonshow.com

Appendix
パワーストーン用語集

パワーストーンを理解するに当たって、鉱物関連の用語やスピリチュアル・精神世界の用語などを知っていると便利です。本書で使用している基本の用語について解説します。

あ	アンハイドライト	石膏から水分子が抜けた鉱物。「水がない」という意味を持つ。
	インクリュージョン	鉱物のなかに含まれる内包物。結晶生成過程に結晶内に取り込まれる。
	インナーチャイルド	子ども時代のトラウマ。心のなかに住み続けている抑圧された感情などが人格の一部となって影響を与えているとされる。心理学用語。
	雲母（うんも）	造岩鉱物。結晶は六角板状。薄い板のように表面がはがれる。
	エピドート	緑簾石グループ（竹を平行につなげた細長い板状の形をしているものが多い）。その形状から「簾石」とも。
か	カボションカット	半円球のカット方法。「カボション」は「頭」を意味する。
	グラウンディング	大地としっかりつながって、現実を見据えながら「地に足をつけて」生活すること。
	クラスター	結晶が集まった水晶の原石。それぞれの結晶の先端から強力なパワーが出ていて、空間やものを浄化し、邪気をはらう効果があるとされている。

	クロシドライト	火成岩が変化した変成岩の一種。藍青灰色で細い繊維状の結晶になっている。
	クロム雲母	クロム（金属の一種）による発色により緑色になった雲母。
	珪酸（けいさん）	ケイ素、酸素、水素の化合物の総称。
	原石（げんせき）	加工が施されていない石。
	高次元（こうじげん）	人間の五感や測定機械などでとらえることができない、周波数帯の高い世界。通常は5次元以上のことをさす。
	高次のチャクラ	身体のなかに存在する7つの主要チャクラ以外に存在する、高次元のエネルギーとつながるチャクラ。第8以上のチャクラのこと。
	コランダム	六角柱や六角板の形状をなすことが多い酸化アルミニウムの鉱物。内包物によって鮮やかな色になるが、本来の色は無色。
さ	自浄力（じじょうりょく）	自らの働きだけできれいになる力。
	シャトヤンシー	白い光の帯が現れる効果のこと。宝石内に平行に存在するインクリュージョンからの光の反射による。
	重晶石（じゅうしょうせき）	比重が大きいことから命名。菱形の板状結晶することが多い硫酸塩鉱物。
	守護石（しゅごせき）	ガーディアン・ストーン＝お守り石のこと。身につけることで災いから身を護るとか、願いごとが叶うといわれる。
	浄化（じょうか）	空間や身体の邪気や汚れを取り除いてきれいにすること。ネガティブなエネルギーを吸収してパワーダウンした石をもとの状態に戻すこと。

	蒸着（じょうちゃく）	真空中で金属などを加熱・蒸発させ、素材の表面に付着させる表面処理あるいは薄膜を形成する方法の一種。
	人工石（じんこうせき）	天然石と同じ成分と構造を、人工的に育成した石のこと。天然石と同じパワーを持っていると考えられている。
	人造石（じんぞうせき）	科学的に造られた石なので天然石にはない化学組成、結晶構造を持つ。砂や顔料を混ぜて塗装、または成形する。
	針鉄鉱（しんてっこう）	鉄の鉱物（ミネラル）が風化して、褐色の水酸化鉄に変化したもの。非常に細い針状の結晶の集合体。
	石英（せきえい）	英名はクオーツ。SiO_2（二酸化珪素）という成分を持つ鉱物のことで、結晶の大きいものを水晶、小さいものを石英と呼ぶ。
た	第三の目（だいさんのめ）	第6チャクラ。眉間のちょっと上のくぼみあたりにある。鋭敏な感覚、知性・精神の成熟を高める。
	タンブル	原石を研磨して表面をなめらかにしたもの。手のひらに収まる程度の大きさでパワーストーンのなかでも比較的安く手に入る。
	チャクラ	脊椎に沿って一列に存在する、生命エネルギーを受け取って分配する7つのエネルギーセンターのこと。
	長石（ちょうせき）	地殻重量の50％を占める鉱物。ほとんどの岩石に含まれる。4角柱状の形をしていることが多い。
	天然石	天然の石。または、自然のエネルギーが持ち主にいろいろな影響を与えると考えられている鉱物をさす場合もある。
	トラウマ	肉体的、精神的ショックを受けたことで、長い間心の傷となってしまう精神的外傷。

な	ニューエイジ	1960年代後半から70年代にかけて流行した「平和と調和」を目指す世界的な精神世界のムーブメント。
は	波動(はどう)	生命力エネルギー。宇宙に遍在する目に見えない力。
	ビジョン	展望。洞察力。理想。
	宝石	硬度が高くて、美しい光彩を持ち、装飾用としての価値が高い研磨された非金属の鉱物。
	母岩(ぼがん)	ある岩石(鉱物)や鉱床を含んだり包んだりしている岩石のこと。鉱物ショップなどでは母岩つきの石もよく見かける。
	プレイオブカラー	オパールの向きを変えたときに表面の色彩が7色に変化する特殊な光の効果。遊色効果ともいう。
ら	ルース	枠や台についていない、カットを施した状態のジュエリー用の石のこと。
	ルチル(金紅石)	二酸化チタン鉱物の一種で、柱状と針状の結晶が特徴。ルビー、サファイア、水晶のなかにルチルの結晶が入ることもある。

Color Index　パワーストーン色別さくいん

●赤
アベンチュリン	62
オニキス	78
ガーネット	86
カーネリアン	88
コーラル	100
サンストーン	108
ジンカイト	120
スピネル	124
ブラッドストーン	170
ルビー	216
ロードクロサイト	222

●オレンジ・橙
アラゴナイト	70
カーネリアン	88
サンストーン	108
ジンカイト	120

●黄色
シトリン	112
ジンカイト	120
タイガーアイ	146
プレナイト	176
フローライト	178

●緑
アベンチュリン	62
アマゾナイト	66
エメラルド	74
クリソプレーズ	96
サーペンチン	104
ジンカイト	120
セラフィナイト	132
テクタイト	152
ネフライト	162
ブラッドストーン	170
プレナイト	176
フローライト	178
ペリドット	182
マラカイト	190
モスアゲート	198
モルダバイト	202
ユナカイト	206

●青緑
アマゾナイト	66
クリソコラ	94
クリソプレーズ	96
ターコイズ	142

●青
アクアマリン	56
アマゾナイト	66
エンジェライト	76

カヤナイト	90	アメジスト	68
クリソコラ	94	スギライト	122
サファイア	106	タンザナイト	148
スピネル	124	チャロアイト	150
スミソナイト	126	フローライト	178
セレスタイト	134	レピドライト	218
ソーダライト	138		

○ **クリア（無色透明）**

ターコイズ	142	アポフィライト	64
タンザナイト	148	カルサイト	92
ブルーレースアゲート	174	クリアクオーツ	30
ホークスアイ	184	ジルコン	118
ラリマー	212	セレナイト	136
		ダイアモンド	144

🔵 **ライトブルー・水色**

エンジェライト	76	ハーキマーダイアモンド	37
セレスタイト	134	ルチルクオーツ	214

● **ゴールド・黄色**

ブルーカルセドニー	172	サンストーン	108
ブルーレースアゲート	174	パイライト	168

● **青紫・藍**

● **ピンク**

アイオライト	52	クンツァイト	98
アズライト	60	コーラル	100
カヤナイト	90	スミソナイト	126
サファイア	106	パール	166
タンザナイト	148	モルガナイト	200
ラピスラズリ	208	ユナカイト	206

● **紫**

アイオライト	52	ローズクオーツ	220

ロードクロサイト	222
ロードナイト	224

● 茶・褐色

アベンチュリン	62
アンバー	72
スモーキークオーツ	128
タイガーアイ	146
メテオライト	196

○ 白

アポフィライト	64
コーラル	100
ゼオライト	130
セレナイト	136
デザートローズ	154
パール	166
ハウライト	164
ミルキークオーツ	192
ムーンストーン	194

○ 灰色・シルバー

シャーマナイト	114
テクタイト	152
ヘマタイト	180
ボージーストーン	186
メテオライト	196

● 黒

オニキス	78
オブシディアン	82
シャーマナイト	114
スモーキークオーツ	128
テクタイト	152
ヘマタイト	180
ボージーストーン	186
メテオライト	196

● マルチカラー

アクアオーラ	54
オパール	80
ムーンストーン	194
ラブラドライト	210

● 多色

アゲート	58
アラゴナイト	70
オニキス	78
オブシディアン	82
カルサイト	92
ジェダイド	110
ジャスパー	116
ジルコン	118
スピネル	124
スミソナイト	126
ダイアモンド	144
トパーズ	156
トルマリン	158

ネフライト	162
パール	166
フローライト	178

Index　パワーストーンさくいん

【ア～オ】

アイオライト	52	イシス	43
アイスクリスタル	227	イブニング・エメラルド	182
アイリスクオーツ	40	インカローズ	222
青玉髄	172	隕石	196
青虎目石	184	ウォーターサファイア	52
アクアオーラ	54	エメラルド	74
アクアマリン	56	エレスチャル	33
アゲート	58	エンジェライト	76
アズライト	60	黄玉	156
アベンチュリン	62	黄鉄鉱	168
アポフィライト	64	オーストラリアジェード	96
アマゾナイト	66	オニキス	78
アマゾンジェード	66	オパール	80
アメジスト	68	オブシディアン	82
アラゴナイト	70	オレンジルチル	227
霰石	70	【カ～コ】	
アレックス・ストーン	162	ガーデンクオーツ	33
アンバー	72	ガーネット	86
		カーネリアン	88

褐鉄鉱	186	コーラル	100
カテドラル(ライブラリー)	34	黒曜石	82
カヤナイト	90	苔入り水晶	34
カルサイト	92	苔瑪瑙	198
橄欖石	182	琥珀	72
黄水晶	112	**【サ～ソ】**	
魚眼石	64	サーペンチン	104
菫青石	52	砂金水晶	62
草入り水晶	34	砂金石英	62
孔雀石	190	桜石	52
クラスター	35	柘榴石	86
クリアクオーツ	30	砂漠の薔薇	154
クリソコラ	94	サファイア	106
クリソプレーズ	96	珊瑚	100
クリノクロア	132	サンストーン	108
黒瑪瑙	78	ジェダイド	110
クンツァイト	98	シトリン	112
珪孔雀石	94	ジプサム	136
血石	170	縞瑪瑙	78
月長石	194	シャーマナイト	114
煙水晶	128	ジャスパー	116
鋼玉	106	ジャパニーズ ローツインクオーツ	43
硬石	110	蛇紋石	104
紅玉	216	斜緑泥石	132
金剛石	144	蒸着水晶	54
硬石膏	76		

ジルコン	118		曹灰長石	210
ジンカイト	120		ソーダライト	138
真珠	166		ソウルメイトツイン	42
翠玉	74		空色縞瑪瑙	174

【タ～ト】

水晶	30		ターコイズ	142
翠緑玉	74		ダイアモンド	144
スーパーセブン	228		タイガーアイ	146
杉石	122		ダイクロアイト	52
スギライト	122		鷹目石	184
スケルタルクオーツ	33		タビュラー	44
スノークオーツ	192		ダブルターミネーテッド	36
スピネル	124		ダブルポイント	36
スミソナイト	126		タンザナイト	148
スモーキークオーツ	128		タントリックツイン	42
青玉	106		蛋白石	80
青金石	208		茶水晶	128
セイクリッドストーン	228		チャロアイト	150
ゼオライト	130		チャロ石	150
赤鉄鉱	180		ツイン	42
セプタークオーツ	36		庭園水晶	34
セラフィナイト	132		ディスシーン	90
セレスタイト	134		テクタイト	152
セレナイト	136		デザートローズ	154
セレナイトローズ	154		天河石	66
尖晶石	124		電気石	158
曹灰針石	212			

天青石	134	ファントムクリスタル	39
透石膏	136	沸石	130
トパーズ	156	葡萄石	176
虎目石	146	ブラックオニキス	78
ドリーム・クリスタル	38	ブラック・カルサイト	114
トルコ石	142	ブラッドストーン	170
トルマリン	158	ブリッジクオーツ	40

【ナ〜ノ】

軟玉	162	ブルーカルセドニー	172
日長石	108	ブルータイガーアイ	184
乳石英	192	ブルーペクトライト	212
ニルヴァーナクオーツ	227	ブルーレースアゲート	174
ネフライト	162	プレナイト	176
		フローライト	178

【ハ〜ホ】

ハーキマーダイアモンド	37	碧玉	116
パール	166	紅亜鉛鉱	120
パイライト	168	紅石	216
ハウ石	164	紅玉随	88
ハウライト	164	紅石英	220
薔薇輝石	224	ヘマタイト	180
薔薇水晶	220	ヘリオトロープ	170
針入り水晶	214	ペリドット	182
翡翠輝石	110	方解石	92
ヒマラヤ水晶	229	方ソーダ石	138
風信子石	118	ホークスアイ	184
ファーデンクオーツ	38	ボージーストーン	186
		蛍石	178

【マ〜モ】

マーガレット・ブルー	138
松茸水晶	36
マラカイト	190
水入り水晶	44
緑玉髄	96
ミルキークオーツ	192
ムーンストーン	194
紫水晶	68
メタモルフォーゼス	229
メテオライト	196
瑪瑙	58
モスアゲート	198
モルガナイト	200
モルガン石	200
モルダウ石	202
モルダバイト	202

【ヤ・ユ・ヨ】

山入り水晶	39
黝輝石	98
ゆうれん石	148
ユナカイト	206
ユナカ石	206

【ラ〜ロ】

ラピスラズリ	208
ラブラドライト	210
ラリマー	212
藍玉	56
藍晶石	90
藍柱石	56
藍銅鉱	60
リチア雲母	218
リチア輝石	98
リモナイト	186
菱亜鉛鉱	126
両剣水晶	36
菱マンガン鉱	222
緑翠	96
緑柱石	56
ルチルクオーツ	214
ルチルレイテッドクオーツ	214
ルビー	216
レインボークリスタル	40
レーザークオーツ	41
レコードキーパー	43
レピドライト	218
レムリアンシード	230
ローズクオーツ	220
ロードクロサイト	222
ロードナイト	224
ロシアンレムリアン	230

あとがき

　私がはじめてパワーストーンに出会ったのは、いまから10数年前のことです。たまたま家の近くにあった輸入雑貨屋さんで、店の片隅にディスプレイしてある色とりどりのクリスタルに目を奪われました。

　不思議なもので、お店に通っていると数ある石のなかでも、なぜか目がいく石、気になる石というのが必ずあります。そのときに買うのをためらっても、次にお店に行くとその石はまるで私を待っていたかのように同じ場所で私を呼んでいるのです。結局、それらの石は私のコレクションに加わり、いまでも大切な友達として部屋に仲よく並んでいます。

　本書ではさまざまな石の効果やパワーを紹介していますが、実はそれは石を知るためのほんの入り口にすぎません。たとえば同じ種類の石でも、ひとつひとつに個性があり、性格やパワーも変わってくるのです。今回、この本をつくるにあたって、私はこのことを身をもって体験することになりました。

　それぞれの石のメッセージを書くにあたり、私はその石をデスクの脇に置き、実際に触れながら、その石のパワーやメッセージを受け取る試みをしました。そのとき、石に触れながら感じたのは、たとえば同種のローズクオーツやアメジストのなかでも、おしゃべりな石、寡黙な石、一生懸命癒してくれようとする石など、それぞれに個性があることを知りました。

おしゃべりな石は気軽にメッセージをくれ、寡黙な石の場合は、その石が語りかけてくるのを、じっと待つということを強いられました。またある石は、仕事で疲れた私の身体や心を静かに癒してくれたり、圧倒的なパワーで元気をくれたり。同じ種類の石でもメッセージやエネルギーはさまざまでした。「まさに石は生きものなんだ」。この本を書きながら、何度もそんなことに直面し、改めて石の奥深さを知ることになったのです。

　ひとつひとつの石と向き合いながらつくっていったこの本は、なかなか思いどおりに進まず、かなりの難産を強いられました。出版社の担当さんや、編集スタッフ、そして何より自分自身を、やきもきさせることも多々ありましたが、ようやくこのような本にまとめることができました。
　そして、今回この本をつくるにあたって、さまざまなかたちでご協力いただきましたショップの方々、および取材に応じてくださった皆様、本当にありがとうございました。
　おかげさまでこのようなすてきな本に仕上げることができました。心より感謝いたしております。

　　　　　　CR＆LF研究所　代表　津久井孝江（月音）

●参考文献一覧

『あなたの魅力を引き出す 宝石パワーの活用術』ドロシー・L・メラ 著(中央アート出版社)

『別冊歴史読本 石の神秘力』(新人物往来社)

『岩石と宝石の大図鑑』ロナルド・ルイス・ボネウィッツ 著(誠文堂新光社)

『クリスタル占星術』ジュディ・ホール 著(産調出版)

『クリスタルバイブル』ジュディ・ホール 著(産調出版)

『クリスタルハンドブック』サイモン＆スー・リリー 著(発行:サンシナジー 発売:河出書房新社)

『クリスタルヒーリング』リズ・シンプソン 著(産調出版)

『クリスタル百科事典』ジュディ・ホール 著(産調出版)

『クリスタルを活かす』ジュディ・ホール 著(産調出版)

『幸運を呼ぶ パワーストーン＆宝石の事典』タナカヨシコ 著(日本文芸社)

『鉱物種一覧』加藤昭 著(株式会社コムロ 旧:小室宝飾)

『鉱物の不思議がわかる本』松原聰 監修(成美堂出版)

『鉱物分類図鑑』青木正博 著(誠文堂新光社)

『図解雑学 鉱物・宝石の不思議』近山晶 監修(ナツメ社)

『人生を変えるパワーストーンの話 愛光堂の石ものがたり』新垣成康、新垣靖子 著(角川春樹事務所)

『楽しい鉱物図鑑1・2』堀秀道 著(草思社)

『たのしい鉱物と宝石の博学事典』堀秀道 著(日本実業出版社)

『天然石がわかる本上巻・下巻』飯田孝一 著(マリア書房)

『願いがかなう! 幸運のパワーストーン事典』クリスタル ピュアリ 編 (河出書房新社)
『パワーストーン・セラピー』堀田眞弘 著 (K&Bパブリッシャーズ)
『パワーストーン組み合わせBOOK』マダム・マーシ 著 (主婦の友社)
『パワーストーンBOOK』マダム・マーシ 著 (主婦の友社)
『宝石の神秘力』林陽 著 (中央アート出版社)
『宝石ヒーリング』J・ロルッソ&J・グリッグ 著 (中央アート出版社)
『夢見るジュエリ』岩田祐子 著 (東京書籍)
『夢みるパワーストーン』エド 著 (説話社)
『voidmark』http://voidmark.fc2web.com/
『開運なび』http://www.kaiun-navi.jp/
『天然石パワーストーン意味辞典』http://www.ishi-imi.com/
『親愛なる石たち』http://www.jisin-blog.jp/powerstone/

本書は、2008年6月に毎日コミュニケーションズ(現マイナビ)より刊行された『幸運を引き寄せるパワーストーン事典』を改題して文庫化したものです。

CR＆LF研究所（しーあーる あんど えるえふ けんきゅうじょ）
Creative Room & Life Facilitation lab.

有限会社リクパを母体としたクリエイティブワーク＆コンテンツプロデュースグループ。業種間の垣根を越えて、さまざまなジャンルのスペシャリストと協力して、ビジネスとライフワークの統合をはかっています。
【活動内容】出版プロデュース／メディアコンテンツ企画制作／商品開発／イベント企画／各種コンサルティングのほか、創造性豊かな暮らしと新しい女性のライフスタイルを追求する「Venus Village」(venusvillage.net)を発信。
【ホームページ】http://crlf.rig-pa.com/

マイナビ文庫

幸せを導くパワーストーン事典
～運命に働きかける 106 の神秘の石～

2014 年 6 月 30 日　初版第 1 刷発行

編著者	CR&LF研究所
発行者	中川信行
発行所	株式会社マイナビ
	〒100-0003 東京都千代田区一ツ橋 1-1-1 パレスサイドビル
	TEL 048-485-2383（注文専用ダイヤル）
	TEL 03-6267-4477（販売）／ TEL 03-6267-4445（編集）
	E-mail pc-books@mynavi.jp
	URL http://book.mynavi.jp

撮影	坂本 道浩（Studio Recto）、館野 二朗
企画・構成・執筆	津久井 孝江、国本 華子
イラスト	高橋カオリ
編集	田崎 恭子、郭 真姫、篠崎 仁美、橋本 奈子（有限会社リクパ）
校正	田中 麻衣子
ブックデザイン	米谷テツヤ（PASS）
印刷・製本	図書印刷株式会社

◎本書の一部または全部について個人で使用するほかは、著作権法上、株式会社マイナビおよび著作権者の承諾を得ずに無断で複写、複製することは禁じられております。◎乱丁・落丁についてのお問い合わせは TEL 048-485-2383（注文専用ダイヤル）／電子メール sas@mynavi.jp までお願いいたします。◎定価はカバーに記載してあります。

©2014 CR&LF Kenkyujo ／©Mynavi Corporation
ISBN978-4-8399-5224-2
Printed in Japan

MYNAVI BUNKO

夢をかなえる天使事典
～光へ導く82の天使とマスターたち～

CR&LF 研究所 編著

大天使をはじめ、さまざまな神話に登場するおなじみの神・女神・マスターなど、全部で82の高次元の存在たちの物語やプロフィール、メッセージなどを紹介しています。高次元の存在についての基礎知識をはじめ、天使の分類や階級などを、オールカラーでわかりやすく解説しています。すべて描きおろしの美しいイラストとともに、天使たちのメッセージに心を傾けてみてください。

定価　本体888円＋税

MYNAVI BUNKO

絶対大丈夫!
しあわせの教科書
~みるみる幸運を呼び込む魔法の習慣~

高津理絵 著

人気スピリチュアル・カウンセラーの高津理絵氏による、誰もが身近な幸せを簡単に見つけられる"魔法"を紹介した本です。「なにはともあれ、笑う」「迷ったら楽しいほうを選ぶ」「毎朝、鏡を見てニッコリ笑う」など今すぐ実践できる内容が満載。この本で、たくさんの"幸せ"が手に入ります。

定価　本体630円+税

MYNAVI BUNKO

魂を浄化する
ソウル・セラピー
不安や迷いのない人生を手に入れる

上田佳穂 著

魂を覆っている「想い」に「愛しています」「ごめんなさい」「ありがとう」「許します」の4つの言葉をかけて魂を浄化する「ソウル・セラピー」について解説した一冊。魂を浄化することで、トラウマを癒したり、ストレスを解消したり、人間関係のトラブルを解消したり、体調を整えることができます。

定価　本体630円+税

MYNAVI BUNKO

人生が100倍楽しくなる
名前セラピー

ひすいこたろう・山下弘司 著

名前のひとつひとつの音には意味があり、それをひも解くことによって、あなたの使命、生まれてきた理由が見えてきます。本書は、『名言セラピー』でおなじみのひすいこたろう氏と、ことだま教師・山下弘司氏がタッグを組んだ、今までにない名前の教科書。自分が好きになって、出会いが楽しくなる、奇跡の一冊です！

定価　本体680円＋税